Maija Nyman

MUJERES
reales

Semblanzas *de personajes femeninos de la Biblia*

Editorial CLIE
www.clie.es

EDITORIAL CLIE
C/ Ferrocarril, 8
08232 VILADECAVALLS
(Barcelona) ESPAÑA
E-mail: clie@clie.es
http://www.clie.es

MUJERES REALES
ISBN: 978-84-17131-26-5
Depósito Legal: B 17528-2018
Vida cristiana
Crecimiento espiritual
Referencia: 225068

Impreso en USA / *Printed in USA*

Sobre la autora

MAIJA NYMAN se convirtió en escritora y periodista después de haber estudiado enfermería. Como autora de una decena de libros, trata tanto las relaciones familiares y de pareja como las emocionales, personales y espirituales de las diferentes etapas de la vida de las mujeres.

Como conferenciante valorada, imparte seminarios para matrimonios junto con su marido, el pastor Hannu NYMAN. Siendo suegra y nuera, ha escrito una obra sobre este tipo de relación particular; es madre de tres hijos y abuela de una nieta adoptiva. Vive en Lohja, en el sur de Finlandia.

ÍNDICE GENERAL

Prefacio

«Estate tranquila, hija mía, hasta ver cómo acaba la cosa»; un día, esta frase me paró en seco. En aquel preciso instante, necesitaba recibir un mensaje para mi vida. Y mientras que mi alma se calmaba, me sumergí en el universo de los destinos femeninos de la Biblia. Esta misma frase me ha liberado a menudo de la espiral de pesares inútiles y me ha llevado a apoyarme con más confianza en el poder de la dirección divina.

Las mujeres de la Biblia se me acercan a decirme que saldré de ésta. Lo que me pasa no tiene nada de nuevo. Vivo mi vida bajo la mirada de Dios, tanto si triunfo como si fracaso. Él construye conmigo el rompecabezas de mi vida y crea tanto la belleza como las rugosidades de mi existencia de mujer. En todo ello, me da su gracia.

Con este libro quiero llevarte, a ti que me lees, al pozo donde se cruzan muchas mujeres de la Biblia. Tienen oficios diferentes, pertenecen a medios sociales distintos, son dirigentes o dirigidas, madres o estériles, defectuosas y fracasadas. Quieren contarte su historia.

Ojalá las escuches y mires conmigo sus rostros reflejados en la superficie del agua. Su mundo y sus sentimientos pueden venir a tu encuentro en medio de tu propia vivencia. Quizá te veas tú misma con más claridad y tengas así el valor de comenzar de nuevo hacia un mañana con el cubo lleno. Incluso si las puertas de tu vida están cerradas, en algún lugar hay una ventana por la que verás la luz y respirarás aire puro.

Vikkala, en el tiempo de las frambuesas, 2001.

Maija Nyman

Lugar de encuentro

Hacía calor.

El pelo se me pegaba a la frente y mi garganta ardía de sed. El julio del Medio Oriente daba sus máximos, el aire no se movía y minaba mis fuerzas mientras yo buscaba el pozo de Jacob en el pueblo de Nablús. Me encontraba junto a un hermoso arco cubierto de buganvillas, al pie del monte Gerizim.

Hacía mucho que esperaba ese momento.

Quería estar sola para sentarme en el pretil de aquel pozo ligado a la noche de los tiempos. Necesitaba pensar en aquellas que, en su tiempo, bajo el mismo sol, iban allí a sacar agua. Quería reflexionar con toda tranquilidad sobre mi vida de mujer. Era madre de tres varones y mi marido era en aquel momento pastor en la ONU. De esto hace veinte años.

Yo también tenía sed de agua viva. De esa agua que saciaría mi sed de vida y colmaría mis necesidades humanas. La había probado desde mi infancia, la bebí también durante mis años de juventud y, de mayor, mi sed se acrecentaba cada vez más. La misma agua, en vasijas diferentes.

La sed no había desaparecido. Cuanto más bebía, más necesitaba esa agua.

Yo era para mí misma un misterio que quería esclarecer. ¿Qué clase de mujer vivía en mí? ¿Quién era esa persona, conocida y, sin embargo, desconocida?

El pozo de Jacob es estrecho y profundo. Baja hasta treinta metros de profundidad. He bajado un cubo pequeño por el pozo oscuro y en seguida lo he subido lleno de un agua limpia y fresca. Estoy bebiendo en la misma fuente en la que bebieron Jacob o la mujer samaritana.

¿Me traerá el pozo de Jacob respuestas y una nueva manera de ver las cosas? ¿Con quién me encontraré, quién podrá enseñarme acerca de la vida, quién me consolará, quién me animará?

Mi alma, quieta, se inunda de paz. Estoy lista para escuchar.

Aguadoras

Las mujeres de la Biblia remoloneaban junto al pozo.

Era allí donde se contaban las noticias, donde se zanjaban las disputas, donde se tomaba partido, donde se influenciaban unas a otras, y donde se transmitían las tradiciones de boca en boca. Allí se atendía a los corazones partidos y, muy probablemente, donde también se hería a otros. Allí se daban los pleitos, los celos y la competencia entre mujeres.

Cualesquiera que fueran las circunstancias, buenas o malas, se recomponían, colocaban su cubo sobre la cabeza y volvían a casa. Traían el agua, aquella agua que purifica y sostiene la vida, sin la cual todo cuanto está vivo moriría. Traían pues, la vida.

¡Hay tantas cosas que limpiar en el mundo, tanta sed! Todo ser humano se mancha, ya sean sus manchas visibles o invisibles. Tanto el ateo declarado como el pecador honesto tienen ambos sed y necesidad de limpieza.

Quien trae el agua trae también lo necesario para vivir.

La sed puede saciarse de muchas maneras. Con el trabajo, los estudios, los amores apasionados, las experiencias arriesgadas, los viajes... En nuestros pozos intercambiamos las últimas noticias y compartimos unos con otros folletos publicitarios y vales de compra, de modo que es fácil pasar por alto el agua fresca sencilla y volver a casa con el cubo vacío.

Los ingredientes de una buena vida nos son ofrecidos en abundancia, pero no he visto que tal cosa haya hecho a nadie verdaderamente feliz. Hay de todo, pero si no tenemos la paz interior y no comprendemos la vida en su conjunto, sentimos un gran vacío.

¿Qué es lo que no funciona para que la mujer occidental esté tan a menudo amargada y fría, perdida e insatisfecha? Vive al límite de lo que puede soportar. Con demasiada frecuencia, el hilo de la vida se rompe tristemente en medio mismo de la prosperidad.

Se dice que la esclavitud ya no existe, pero de hecho está ahí con otras formas y otros nombres. Hemos caído en la trampa.

He oído muchas veces criticar a la Biblia debido a su estrechez de espíritu. La imagen de mujer que tradicionalmente se nos muestra allí no motiva a parecérsele. Es demasiado perfecta, sin defectos, exangüe y estéril.

Me gustaría abrir una vía hacia aguas más libres.

El encuentro con Dios me ha llevado a las mujeres de la Biblia, pero también ha traído esas mujeres hasta mí. Han tomado color y movimiento y han comenzado a hablarme. Son mujeres que han llegado hasta el final, y se han convertido en mis hermanas y compañeras de viaje, yo que no tengo ni hermanas ni hermanos.

El tiempo se detiene, los milenios no tienen ya sentido. Frases que parecían muertas comienzan a hablar de la vida verdadera y de personas bien reales.

La gran bendición de la Biblia es que el ser humano sabe interpretarla y que está autorizado para hacerlo. No hace falta tener diplomas de teología. Incluso sin ellos podemos comprender las cosas en su conjunto y captar el mensaje de Dios para la humanidad. Lo que facilita su lectura es que la Biblia no maquilla la condición humana, sino que la muestra tal cual es. No nos oculta la verdad. Por esa misma razón he encontrado en ella tesoros que he utilizado a lo largo de mi recorrido como mujer, en la jungla de las relaciones humanas y en medio de los problemas familiares, así como los secretos del diálogo entre Dios y el ser humano.

Las mujeres de la Biblia son como nosotras, de carne y hueso. Representan distintos oficios y diferentes destinos, nos encontramos con ellas en el nacimiento y en la muerte, en el odio y en el amor, en las intrigas y en el espíritu de sacrificio.

Ejercieron el poder y también estuvieron sometidas al poder. Sus circunstancias familiares fueron distintas, algunas fueron empresarias independientes pero otras fueron con frecuencia explotadas. Sufrieron por no tener hijos, tuvieron problemas de comunicación con los varones, dificultades con la educación de sus hijos o bien problemas en sus relaciones con sus compañeras de trabajo. También disfrutaron de la vida, se enamoraron y fueron amadas.

En la Biblia se menciona a 2.930 personas, de las que 196 son mujeres citadas por nombre. De hecho hay muchas más, identificadas por su lugar de residencia, su oficio, el nombre de sus maridos o por su cometido. Incluso si se habla de ellas sin decir su nombre, eso no las hace personas sin importancia. Alguna de esas mujeres anónimas fue llamada a desempeñar un papel determinante junto a alguien, sea para vida o para muerte.

Las mujeres de la Biblia no tienen una espiritualidad sensiblera. Su naturaleza se desvela con honestidad, con sus luces y sus sombras. No hay una sola de ellas sin tacha y sin pecado. Pero viven en relación con Dios, o mejor, bajo la mirada de Dios, y son conscientes de ello. En cierta manera se ven confrontadas con la realidad de Dios. Su humanidad y la santidad de Dios se encuentran. Pueden enseñarnos muchas cosas.

El ser humano no puede escapar de la realidad de Dios. Dios deja huella incluso allá donde apenas se cree en él.

El destino de las mujeres del Antiguo y del Nuevo Testamento muestra así la manera incomparable en la que Dios obra. Con frecuencia, sorprende al lector la forma como Dios llama, escoge y conduce a las personas en la Biblia. El Dios de la fe cristiana es el Dios de la historia.

El entorno, la cultura, las costumbres y el lugar de residencia de las mujeres de la Biblia determinan el marco en el que viven. En consecuencia, la posición y la valía de la mujer son diferentes, su libertad de movimientos limitada. Y, sin embargo, incluso si yo vivo en los comienzos del siglo XXI, mi alma de mujer recorre los mismos caminos. En este aspecto, tenemos más cosas en común que las que nos separan.

Leila Leah Bronner, investigadora y escritora judía, fue profesora en la Universidad de Johanesburgo y enseña en la actualidad en el Instituto de Judaísmo de los Ángeles. En su libro *From Eve to Esther* (*De Eva a Esther*) describe el destino de varias mujeres del Antiguo Testamento. «Incluso si las figuras de mujer del Antiguo Testamento han sido interpretadas, maquilladas y uniformizadas a lo largo de generaciones, siguen ejerciendo una influencia significativa sobre el cómo la mujer es tratada y estudiada en la cultura occidental. El papel de la mujer en la sociedad occidental moderna, en constante crecimiento, ha hecho nacer un nuevo interés por la vida de las mujeres de tiempos pasados. Aunque sus experiencias varían de una sociedad a otra, la situación de base sigue siendo la misma, independientemente de las diferencias de clase, de raza y de nacionalidad. En la sociedad de la Biblia, la desigualdad entre el hombre y la mujer se refleja en las cuestiones del adulterio, del matrimonio, del divorcio, del reparto de la herencia, del voto, de los oficios religiosos, de las posiciones de responsabilidad, de la protección garantizada por la ley. El lenguaje de la Biblia es marcadamente masculino, mostrando a hombres y sus actos. También a Dios se le muestra en términos masculinos».

Sin embargo, en la época de la Biblia, numerosas figuras femeninas del Antiguo Testamento se levantan para obrar de manera extraordinaria. Algunas se convirtieron en influyentes junto a hombres, otras lo fueron en función de su contexto familiar, y otras más a causa de su fuerte personalidad y de su carácter. Algunas de ellas desempeñaron papeles importantes en la vida política de los pueblos.

Y una de ellas fue la primera en todo.

Capítulo 1
Eva

La primera en todo

Sentada junto al pozo, abro las primeras páginas de la Biblia, en el capítulo dos del Génesis.

Estoy esperando a Eva, la primera mujer.

Prometió venir a la puesta de sol, cuando el calor del sol se habrá atemperado un poco. A ella le toca venir a abrir la primera página de la historia de la mujer.

Es distinta de las demás mujeres y, sin embargo, semejante a ellas. Incluso en mí misma, ¿quién es Eva, quién Maija? ¿Qué rasgos de Eva se reflejan en mis amigas? Cada generación ha hablado, ha escrito y ha cantado de ella. Ha sido representada en cuadros. Cuando fracasamos, le echamos las culpas. Cuando sentimos un gozo paradisíaco, en cierto modo nos identificamos con ella.

Fue creada a partir del hombre, y desde el principio vivió en relación con el hombre. Era parte de él mismo, diferente y complementaria, y ella dará luz a la vida.

De hecho, en hebreo, «Eva» significa «vida», dadora de vida, «la madre de todos los vivientes» (Gn 3:20). Este nombre representa la tarea y el destino a los que estamos ligadas.

La vida no nace sin el hombre y la mujer. Uno engendra, otro da a luz. Si uno de los dos falta, la nueva vida no nacerá. Nuestros destinos están ligados el uno al otro en honor de la vida.

Los escritos rabínicos usan la palabra «havva» (explicar) para hablar de Eva, lo que describe a la mujer como una consejera y una ayuda para el hombre. Pero esta palabra nos lleva también a ver a la mujer como una mala consejera, que llevó a ambos a la caída. La palabra aramea «hivia» (serpiente) nos lleva a pensar en el tentador del hombre.

Según Leila Leah Bronner, los antiguos mitos dan a entender que Satanás estaba celoso de Adán. El hombre tenía una mujer muy hermosa y, haciéndolos caer, Satanás quiso destruir el mundo. Algunos escritos rabínicos tratan de asociar el nombre de Eva al conocimiento prohibido, al deseo, a la tentación, al pecado y a la muerte.

Bronner subraya que la tradición cristiana, a diferencia de la tradición judía, insiste en el hecho de que fue Adán quien dio nombre a Eva. Era la manera de demostrar que el hombre tenía el dominio sobre la mujer. El hecho de dar nombre a una persona o a una cosa daba como resultado un dominador y un dominado.

En la literatura judía midrásica se habla igualmente de una mujer llamada Lilith. Se la describe como la primera mujer de Adán, creada del polvo. Ella rehusó obedecer a Adán y reclamó la igualdad con él. No se sometió, huyó y no quiso volver junto a él nunca más. Después de eso, Dios creó una nueva esposa, llamada Eva.

Se contaba que Lilith se convirtió después de eso en un demonio, que seducía a los hombres y por la noche asustaba a los niños. Se la considera como el modelo de la mujer rebelde.

La «paradisiense»

Eva, precursora y pionera, es la «primera» en muchos sentidos del término.

Eva nace en lo que para muchas mujeres es un entorno idílico, en el paraíso, en el jardín de Edén. Las circunstancias externas son «inmejorables»; el clima, magnífico, y le rodea toda la plenitud de la creación. Nada falta, y nada está de más. Un río riega el jardín, donde crecen toda clase de árboles. Pero en medio del jardín también está el árbol del conocimiento del bien y del mal.

Aunque la Biblia no describe el aspecto exterior de Eva, podemos deducirlo a partir de la primera reacción de Adán en cuanto la ve: «¡Es ella!». La obra maestra de la belleza natural. A los ojos de Adán, una belleza nunca antes vista.

La estatua de mármol de la Venus de Milo representa a una diosa de la antigüedad, pero más tarde, según una interpretación «cristiana», se consideró que también representaba a Eva, el último y mejor regalo del cielo. Así es como el poeta ciego John Milton describe a Eva: «Así ella aparece absoluta, y perfecta en sí misma».

La esposa del hombre

Eva es la primera mujer a la que se le llama esposa.

Es la primera y también la única que vive la mayor satisfacción sexual que una mujer pueda experimentar jamás. El paraíso implica la armonía entre el cuerpo y el alma, entre lo externo y lo interno. La unidad entre el Creador y la criatura es completa y sencilla, tal como la del hombre y la mujer.

Son «una sola carne», según la intención del Creador, sin perturbaciones ni incomprensiones. El hombre también es bueno.

Las palabras dominio y sumisión no forman parte de su vocabulario. El reparto de roles en la vida es ideal, no hay ninguna necesidad de pelear con nadie, no hay comparación ni competición. La desnudez es natural y hermosa. El hombre y la mujer no tienen por qué tener vergüenza el uno del otro, ni de tener miedo, ni de temer a su Dios.

Cuando la mujer aspira a una unión con el hombre, busca el amor del paraíso en toda su riqueza, la unión entre los goces del cuerpo y los secretos del alma, sin vergüenza ni temor a la desnudez. La mujer invita: «Mírame tal cual soy, tómame tal como me puedo entregar. Soy agradable al tacto, y ¡tú sabes hacerlo tan bien! Partamos juntos a un viaje en el que nos descubramos a nosotros mismos, en el paraíso el uno del otro».

Eva vive de manera natural su papel de mujer, y por eso mismo también puede enseñarnos algo a nosotras. Sabe responder a la llamada del hombre, darse por completo, con una seguridad total de cuerpo y alma. En su relación no hay ni trampas ni presión por tener que estar a la altura.

Todavía hoy la mujer puede tener a veces esa impresión huidiza del gusto paradisíaco junto a su marido. No puedo ni imaginarme cómo podían ser las cosas en la atmósfera del paraíso, en pureza y sin prisas. Nosotros estamos cautivos de la desnudez, y angustiados por la idea de abandonarnos. El otro es para nosotros un objeto del que nos apropiamos, por la fuerza si se da el caso. Nuestra deriva nos ha llevado bien lejos del paraíso.

¿Qué se quiere decir cuando se expresa que es en el hombre y la mujer donde se ve la imagen de Dios y del verdadero ser humano? Que el hombre y la mujer juntos muestran la imagen de Dios en su nivel más bello. Al amarse el uno al otro se aman también a sí mismos. El secreto de «una sola carne» es más que simplemente colaboración o igualdad. Es la unión más íntima, donde no hacen falta ni explicaciones ni palabras.

«Amarás a tu prójimo como a ti mismo» fue también una de las enseñanzas fundamentales de Jesús. ¿Cómo puede una amar a su marido como a sí misma?

Nacida sin pecado

Eva es la primera y única mujer que nació sin pecado. Así fue creada originalmente. No necesitaba ser diferente en nada.

¿A qué podía parecerse un mundo sin pecado? ¿Cómo era eso de estar sin pecado? Debía significar una gran libertad y una profunda satisfacción, como la de un niño. En el jardín del amor reinaba una libertad que respetaba al otro, con el riesgo que tal cosa suponía. La criatura no ha sido hecha como un robot, sin voluntad, sometida a la ley, sino que por el contrario, tiene libertad para escoger.

Eva tenía el privilegio de ser pionera tanto en el bien como en el mal. Yo soy de la misma especie, de la misma cepa, y empiezo a comprender mi propia parte en el bien y en el mal. No acuso a Eva, sino que quiero simplemente saber más sobre la forma en que mi destino está unido al suyo. Quiero comprender mejor cómo el bien y el mal se contrapesan en la vida de la mujer de mi tiempo. En el paraíso nada ni nadie los amenazaba, más allá de su propia voluntad. El capítulo dos de Génesis cuenta todo lo que podemos saber de ese periodo de la historia. A la vez damos un paso decisivo desde el paraíso hasta nuestro propio mundo. El paisaje es diferente.

La conversadora

Es Eva misma la primera en ver acercarse al tentador con sus preguntas.

Las consecuencias de esta conversación son bien conocidas. Pero Satanás no fue hacia ella rogándole que por favor cayera. Y tampoco lo hace en nuestros días.

La serpiente es astuta y hace a Eva una pregunta interesante para meditar: «¿Conque Dios os ha dicho?». ¿Qué podría tener de malo que el ser humano aprendiese a conocer el bien y el mal? ¿No ha buscado siempre el hombre ampliar su entendimiento y desarrollarse intelectualmente?

Así es como la mujer mira, toma, ofrece y come con su marido. Yo también quiero saber. Puesto que nací mujer, tal como Eva, yo también busco el saber. Mis manos se extienden a uno y otro lado para coger manzanas y me doy cuenta que estoy ahí preguntándome: ¿De verdad Dios ha dicho?

El tercer capítulo comienza con la descripción del momento en que la vida perfecta de Eva salta en pedazos y donde su felicidad se quiebra. Comienza la huída y se dispone la espiral de acusaciones. ¿Quién ha hecho? ¿Cuándo, qué y dónde? ¿Pecador, qué has hecho?

Ella dio, cierto, pero él tomó...

La desnudez, que antes era natural, se convirtió entonces en algo vergonzoso. Adán y Eva ven su propia desnudez y la del otro y, por primera vez se esconden el uno del otro. Por primera vez, cuando oyen los pasos del Señor, huyen de su creador.

Nosotros también nos damos todos a la fuga. Ahora bien, alguien nos llama. Como Eva, practicamos hábiles maniobras de escape, y nos escondemos lejos del que pregunta. Al mismo tiempo nos escondemos de nuestros semejantes e incluso de nuestra propia carne. Pues la desnudez en el amor, a veces también es dolor.

En la comedia musical basada en la célebre novela de Cervantes, la criada despreciada y violada, Aldonza, no aguanta más que Don Quijote la revista de todas las virtudes y se pone a gritar: «Miradme tal como soy; golpeadme, prefiero el látigo a vuestras quimeras, arrastradme al fuego, al suelo, a tierra. Pero guardaos para vos vuestra ternura, devolvedme mi desesperanza. Veis bien que yo no soy nada, no soy más que Aldonza, la puta»[1].

La costurera

Eva es la primera costurera de la historia.

Cuando esta mujer inicialmente desinhibida se da cuenta de que está desnuda, intenta protegerse. Siendo las hojas de higuera insuficientes, el Señor sacrifica un animal para poder cubrir la desnudez y la vergüenza de este ser humano al que había creado.

Un niño pequeño se relaciona de forma natural con la desnudez y tiene una curiosidad positiva. Cuando crece sufre la influencia de los mayores y su relación con la desnudez cambia. La desnudez llega a valorarse como el centro de la inspiración sexual, el objeto del deseo, y como una mercancía.

Muchos animales están protegidos, pero las hijas de Eva son presas legítimas, ¿quién las protegerá?

Madre de asesino

Eva es la primera mujer cuyo hijo se convirtió en asesino.

El hombre se unió a su mujer. Eva quedó embarazada y dio a luz un hijo, Caín. Y dijo: «*Por voluntad de Jehová he adquirido varón*». Después trajo al mundo un hermano para Caín.

Uno de los muchachos fue pastor, el otro labrador. Aquí comienza su difícil carrera de madre. Uno de ellos mata al otro. Caín es el asesino de su hermano Abel. Ya en aquellos tiempos, la comparación, la competencia y el sentimiento de superioridad existían ante los hombres y ante Dios. ¿Por qué no los trataban de igual forma ni la vida ni Dios? ¿Por qué uno de los hijos triunfaba y el otro no? ¿Por qué no se pueden arreglar las cosas hablando en lugar de recurrir a las armas?

---

1. Traducción de la adaptación al francés hecha por Jacques Brel de *The Man of La Mancha*, comedia musical de Dale Wasserman, Joe Darion y Mitch Leigh (N.T.).

«*No sé. ¿Soy yo acaso guarda de mi hermano?*». Esta fue entonces, y sigue siendo ahora, algunos miles de años después, la postura del ser humano. También nosotros, por muchas razones, llevamos la marca del maldito. Todavía no hemos aprendido a hablar lo suficiente y a tiempo.

Sin embargo, tras esta terrible tragedia, la vida sigue, y se le da una segunda oportunidad al asesino, que lleva la marca de Caín, para que viva. Tras cerrárseles las puertas del paraíso, se le abre al ser humano el derecho a la vida, aunque una vida de pecador. El futuro y la esperanza existen, a pesar de todo.

En el trasfondo, la vida de la madre continúa, la de quien dio a luz a Caín. La Biblia no nos revela nada de sus sentimientos, sin embargo, algo podemos adivinar. Ciertamente, tras estas circunstancias difíciles, a Eva le nacieron más hijos y la vida siguió a pesar de la muerte. Al mismo tiempo, se nos dice por primera vez una cosa importante: Entonces los hombres comenzaron a invocar el nombre de Jehová (Génesis 4:26).

Eva se contaba ciertamente también entre los que oraban. Si alguien necesitaba la ayuda de Dios, esa era Eva. Su corazón sufría por las grandes pruebas que había soportado, los dolores del parto y de la muerte, una vergüenza y un pesar por encima de las fuerzas humanas. La pecadora necesitaba la ayuda de Dios.

Eva fue la primera mujer que se vio al borde de la tumba de su hijo. Innumerables mujeres la han seguido –demasiadas ya en estos últimos años tan solo en nuestro continente europeo–. También en nuestro país, es cierto, a causa de la droga y de la violencia. Pesares inútiles y muertes vanas, que no existirían si pudiéramos vivir en el paraíso.

La receptora de la promesa

Eva es la primera que oye la promesa de la cruz y de la salvación.

«*Pondré enemistad entre ti y la mujer, y entre tu simiente y la simiente suya; ésta te herirá en la cabeza, y tú le herirás en el talón*» (Génesis 3:15). En el futuro, el Libertador que nacerá de la mujer, aplastará el poder de Satanás. Ya se vislumbran la cruz y el amanecer de la resurrección. Pero antes tienen que cumplirse los tiempos.

Eva no vio correr a las mujeres hacia el sepulcro la mañana del Domingo de Resurrección en Jerusalén. En ese intervalo de tiempo el pueblo judío se formó, y muchas *Pessâh* (la comida de pascua judía), recuerdo de la liberación de Egipto, se celebraron. En ellas se hablaba de la tierra prometida y se escuchaban las profecías del Mesías venidero, y que debía nacer en la ciudad de Belén. Él es quien predicará la salvación, sanará a los enfermos y perdonará los pecados, y quien, para concluir, sufrirá la muerte atroz de la cruz y el sufrimiento de ser abandonado por Dios.

Al tercer día, el vencedor saldrá de la tumba. La muerte misma tendrá un nuevo contenido. Ya no tendrá más la última palabra, sino que al contrario, Cristo, el redentor, se levantará sobre la tierra. Son las hijas de Eva las que van a llevar el testimonio de aquello y el mensaje pasará de una generación a otra. Yo también lo recibí.

La vida de la primera mujer comienza con una felicidad perfecta, después continúa en las tinieblas de la caída. Allí, Eva conoce la cruel y trágica profundidad del destino de la mujer. Por eso precisamente Eva está a nuestro lado.

Muchas mujeres de la Biblia recibieron por heredad el sufrimiento. Las enfermedades, la muerte y la vergüenza de la esterilidad han perseguido a la mujer a lo largo de la historia. A pesar del progreso, no hemos sido capaces de cambiar estas realidades. Vivimos cada día en el país de las sombras, en contacto con la muerte.

De vez en cuando, experimentamos un gozo, una satisfacción y una felicidad perfectos. Podemos echar un vistazo tras las celosías del paraíso, y percibir su perfume embriagador, su aire fresco y el murmullo de sus aguas.

Capítulo 2
Sara

Una risita en el desierto

Una mujer se acerca al pozo con paso atento. Es mayor, pero todo muestra que es resuelta y valerosa.

Abro mi Biblia en el capítulo doce de Génesis, que describe una época que es unos 2.000 años anterior al comienzo de nuestro calendario. La historia del Antiguo Testamento está compuesta por relatos que tratan de sus cuarenta personajes principales, de los que no menos de ocho se encuentran en el Génesis.

La mujer que se acerca al pozo no va renqueando, sino que avanza con paso altivo. De no haber sido de naturaleza valiente, esta hermosa mujer no habría sido, sin duda, la esposa de un seminómada. Su marido Abraham era su medio hermano, ambos tenían a Taré por padre.

Sara es una de esas mujeres cuyo nombre fue afectado por la intervención de Dios. Otras mujeres también tienen un nombre que refleja una promesa, una naturaleza, un destino o una tarea particular. Se ve en ellas la marca santa de la unión entre Dios y el nombre.

Sarai (la princesa) se convertirá después en Sara, capitana, dirigente, soberana, madre de naciones.

Aunque no siempre, una hermosa mujer se reconoce incluso cuando es mayor. Porque también hay rostros cuya belleza se ha ajado con las luchas de la vida, o que se ha endurecido debido a una actitud amargada ante la vida. No está asegurado que la mujer envejezca con sabiduría y dulzura. Se dice que el ser humano aguanta mejor las adversidades que el éxito. Una vida fácil puede hacer que uno se vuelva estrecho de mente y egoísta. Cuando uno envejece, renunciar puede ser algo difícil, si no imposible.

Aun amando de verdad a Abraham, Sara podía, sin embargo, tener varias razones para estar amargada. La vida bajo una tienda nómada era dura, el porvenir incierto, y su único punto de referencia, año tras año, era la misma promesa increíble. Podemos pensar que un tiempo de espera de cien años es excesivo. Por eso su risa, al final de su vida, surgió como de forma imperceptible, de manera natural.

El sufrimiento y la vergüenza por la esterilidad eran desde su juventud la heredad de Sara. Si este mismo problema es importante y crece constantemente entre las mujeres de hoy en día, ¿cómo podía ser en una sociedad en la que los hijos eran la gloria de la mujer y lo que aseguraba el porvenir? Sara puede comprender aún hoy la psicología, las experiencias y los sentimientos de la mujer. Los sollozos de la mujer de hoy no le son extraños. No en vano se la llama la primera matriarca del pueblo de Israel.

Pero ¿cómo comenzó realmente todo esto? Leamos algunas páginas de la Biblia.

Dios quiere escoger para sí un pueblo al que pueda confiar sus Sagradas Escrituras, que sea su testigo entre los otros pueblos y por medio del cual pueda enviar al mundo el Mesías prometido, aquel mismo del que Eva fue la primera en oír hablar en su momento.

Antes de que el hombre que entonces se llamaba Abram recibiera la gran promesa, su padre Taré, descendiente de Sem, se pone en camino. Toma consigo a su hijo Abram y a Sara, su esposa, así como a su nieto Lot, y se va con ellos de Ur de Caldea para dirigirse a la tierra de Canaán. La distancia a recorrer es de unos mil kilómetros, de la región del Golfo Pérsico hasta la frontera de la actual Turquía. Llegados a Harán se establecen allí, y también es allí donde muere el padre, Taré.

Entonces Dios mismo da a Abraham la orden de partir: «*Jehová había dicho a Abram: 'Vete de tu tierra, de tu parentela y de la casa de tu padre, a la tierra que te mostraré. Y haré de ti una nación grande, te bendeciré, y engrandeceré tu nombre, y serás bendición. Bendeciré a los que te bendigan, y a los que te maldigan maldeciré; y serán benditas en ti todas las familias de la tierra'*» (Génesis 12:1-3).

Esta orden incluye a la vez una promesa y una petición de renuncia, la promesa de una bendición futura y la renuncia a la seguridad de una vida normal. No se pueden tener las dos. ¿Cuál pudo ser la lucha interior de aquel hombre puesto ante tal elección? Su corazón se inclinaba hacia un futuro desconocido y arriesgado, pero por otro lado había la posibilidad de escoger un modo de vida conocido y una posición reconocida allí donde vivían.

Abraham obedece a su Dios y sale, a la edad de setenta y cinco años, hacia lo nuevo y lo desconocido. Durante el viaje, el siervo de Dios construye un altar y ora a su Señor. En estas circunstancias, o bien la oración le es vital, o bien su alma se inclina de manera especial a la oración. Seguramente Dios le habló de tal manera que no dejaba lugar para la duda.

Aunque no se nos dice gran cosa de Sara al inicio del viaje, ella es un elemento esencial de la promesa dada por Dios. Juntos, aunque de temperamentos muy distintos el uno del otro, el hombre y su mujer se convierten en peregrinos de Dios. La promesa hecha y la renuncia demandada a ambos pudieron facilitar la decisión, pero también es posible que el uno y la otra consideraran el mismo asunto desde puntos de vista totalmente diferentes y tuvieran sentimientos distintos. La comunión entre cónyuges no significa uniformidad, ni es siempre fácil conseguirla.

Sara sólo aparece en la historia cuando su belleza llama la atención. Se fueron del Neguev a Egipto a causa de una hambruna. Para salvar su vida Abraham se hace pasar por hermano de su mujer, y de esa forma son bien tratados.

Y hubo hambre en la tierra; y descendió Abram a Egipto para morar allá, porque era mucha el hambre en la tierra. Y aconteció que cuando estaba para entrar en Egipto, dijo a Sarai, su mujer: «He aquí, ahora conozco que eres mujer de hermoso aspecto; y cuando te vean los egipcios, dirán: su mujer es; Entonces me matarán a mí, y a ti te reservarán la vida. Ahora, pues, di que eres mi hermana, para que me vaya bien por causa tuya; y viva mi alma por causa de ti» (Génesis 12:10-13).

Poco le falta a Abraham para perder a su esposa, y, una vez descubierto el secreto, el Faraón los expulsa: *«Ahora, pues, he aquí tu mujer; tómala y vete». Y el faraón dio órdenes a su gente acerca de Abram; y le acompañaron, y a su mujer, con todo lo que tenía».*

Cuando Abraham vuelve al Neguev ha acumulado bienes, tiene mucho oro, plata y ganado. Se separa con buenas maneras de su sobrino Lot y, con su mujer, llega por fin al encinar de Mamré.

He aquí, de nuevo, llegado el momento de levantar un altar al Señor.

Es más que probable que Sara haya estado pendiente de la extraña conversación de su marido con Dios, ante el cual Abraham plantea preguntas, da explicaciones y se asombra abiertamente de lo que ocurre. El Señor repite la promesa de un heredero mostrándole las estrellas sin número que ha creado en el cielo. El esposo de Sara es un hombre de fe excepcional, que confía en la palabra de Dios. Exteriormente, la vida sigue como antes, aunque probablemente no en el fuero interno de ambos.

¿Era para Sara igual de fácil creer sin ver? ¿Produjo esto tensiones en su relación? La fe implica en sí misma tensiones, pues su morada está entre el cielo y la tierra, en el corazón del hombre. Por otro lado, ¿qué puede saber una esposa de las luchas más íntimas de su marido delante de su Dios?

En honor de su nombre, debido a su naturaleza incomparable, Dios no ha dejado su promesa a expensas del ser humano. Por esta misma razón cierra la alianza de manera totalmente unilateral. Abraham es presa del sueño y le invade el temor. Dios habla, y unas llamas impresionantes arden alrededor del altar del sacrificio. La llama de una gran antorcha pasa por medio de las dos partes del sacrificio, y es así como Abraham fue liberado hasta el final de su vida de la presión de dar la talla. Dios sabía bien que ni Abraham ni ningún ser humano son capaces de mantener sus promesas delante de su Dios.

Sara es una mujer emprendedora y resuelta. Como los años pasan y no hay señal alguna del cumplimiento de la promesa, ella misma se ocupa del asunto.

A veces a la mujer le entran ganas de ayudar a Dios, particularmente cuando la paciencia comienza a agotarse. Nuestra oración tiende a ser una lista de demandas, una constatación de la situación y un plan de actuación para los que no necesitamos más que el aval y el sello de Dios.

Nuestro ritmo de funcionamiento se pone de manifiesto en nuestra vida de oración. Quizá este ritmo era más rápido en Sara que en su marido. En la relación de pareja, los ritmos son con frecuencia diferentes, y es de hecho esto lo que fascina y hace madurar.

Por el hecho de vivir en nuestro tiempo, a menudo nos es difícil comprender la manera de actuar de Dios. El cumplimiento de sus proyectos y las respuestas a las oraciones de los hombres superan los límites del tiempo, de la intemporalidad y de la eternidad. El hombre y Dios tienen una percepción del tiempo distinta la una de la otra, que no se mide de la misma manera. Nuestra relación con el tiempo, la de los humanos, es cambiante, unos actúan, otros reflexionan, y ambas cosas son necesarias.

Y ahora, por primera vez, se hace mención de la esclava egipcia, Agar. Todo lo que sabemos de ella es que era egipcia y que se convirtió en la concubina de Abraham, no porque él lo quisiera así, sino por voluntad de Sara. Este comportamiento era normal en esta tribu y en aquella época. El asunto no sorprendía a nadie.

«*Sarai, mujer de Abram, no le daba hijos; pero tenía una sierva egipcia que se llamaba Agar. Dijo Sarai a Abram: Ya ves que Jehová me ha hecho estéril; te ruego, pues, que te llegues a mi sierva, quizá tendré hijos de ella*» (Génesis 16:1-2).

Y nosotras ¿tendríamos una solución mejor en una situación tan desesperada? ¿Quién de nosotras, mujeres, habría creído en el milagro de dar a luz después de la menopausia y de marchitarse? Ya es bastante difícil creer en las promesas pequeñas.

Una vez invadida por las dudas una se deja llevar por actos que acaban convirtiéndose en una carga mayor. La incredulidad puede actuar bajo apariencias espirituales. Las palabras de la fe no se corresponden siempre con la calidad de la fe en nuestro corazón. Con nuestras palabras sabemos engañarnos unos a otros, y tratamos de engañar al mismo Dios.

Y he aquí que en el campamento viven dos mujeres que mantienen una relación con el mismo hombre, una libremente y por amor, la otra como consecuencia de su deber de esclava. Sara recibe su paga al convertirse en el blanco del menosprecio de la encinta Agar. Tras haber sido escogida por Sara, Agar ya no es la misma de antes. Sigue siendo esclava, ciertamente, pero ahora espera al hijo de Abraham. Puedo imaginarme la lucha en el corazón de Sara: sí, esperan un hijo, pero ¿es acaso él el hijo de la promesa? Después de todo, hijo por hijo, ¿qué importancia tiene?

Sara trata de conseguir que su marido la defienda ante la esclava que la desprecia, que se ocupe de la situación que va empeorando y de los sentimientos que cada vez son más intensos. Pero Abraham se retrae y se contenta con decir: «*Haz con ella lo que bien te parezca*» (Génesis 16:6). Según la cultura y los usos de la época, esta era la respuesta correcta. Un esclavo no tenía derecho alguno, y la mujer esclava aún menos.

La comparación se impone entre esta situación y lo que sucede en nuestra época. El hombre no viene a salvar la situación, sino que obliga a su mujer a asumir ella misma su responsabilidad –un buen ejemplo de comportamiento adulto en una relación de pareja sana–. Pero por otro lado, también puede tratarse de la tendencia del hombre a no hablar del problema, aunque le concierna también a él. ¿O quizá este pesar común tiene por consecuencia dos personas solitarias que ya no se atreven a hablar abiertamente de la situación?

En nuestro propio milenio, cada cónyuge lleva aún su propia batalla de fe delante de Dios. El hombre y la mujer pueden continuar viviendo codo con codo, estando ligados el uno al otro, cuidando de los hijos y compartiendo las inquietudes del trabajo, pero sin que sus corazones se encuentren ya. Se han acumulado asuntos de los que no vale ya la pena hablar. Hablarlos no arreglará nada, se dice, no hará sino empeorar el sufrimiento. Nunca se sabe ¿acaso el tiempo y el hecho de no hablar resolverán el problema?

Probablemente Sara no decidiera nunca portarse mal con Agar, pero la situación se le fue de las manos. Una vez llevado a cabo, el proyecto se constituyó en un nuevo problema. Para Sara, se había colmado el vaso, los celos se encienden y castiga a Agar. Siendo ella esclava, no puede oponerse a su ama y tiene que huir al desierto. Allí, junto a la fuente, esta mujer, embarazada, se encuentra en pleno desastre humano; el ángel le habla. Le anuncia el nombre del niño que va a nacer, e incluso los rasgos de su carácter: «*Será un hombre fiero, su mano será contra todos y la mano de todos contra él*» (Génesis 16:12). Sus pares aún existen hoy.

Agar comienza a clamar al Dios que le había hablado, llamado *Atta-el-roi*, «el Dios que me ve». Y llamará a la fuente «el pozo de *Atta-el-roi*».

¿Comienza a apuntar en Agar la confianza de la fe ahora que ha visto que Dios la acompaña y a pesar de los conflictos anunciados en la vida del niño que va a nacer? Estando débil y desesperada ha recibido ayuda. El mal puede tornarse en bien, los problemas se ordenan de una u otra forma. Los ángeles siguen actuando. El mensaje llega, Dios habla con amor y da valor a quienes están cerca de las fuentes de agua en medio del desierto.

Ismael, el hijo de Agar, nace cuando Abraham tiene ochenta y seis años. ¿Se trata entonces del cumplimiento de la promesa de Dios?

He intentado comprender la vida y las costumbres de aquel tiempo, pero siempre me pregunto por qué Abraham fue tan pasivo, por qué no trató el problema de otro modo. ¿Por qué se dejó convencer por su mujer, pasando por encima de su propia fe?

¿Cuántas veces la mujer persuade a su marido para que adopte soluciones inspiradas por su propio afán, por su propia inquietud? ¿Quién de los dos dirige y decide en realidad? ¿Por qué a veces es tan difícil que el hombre ocupe su lugar, que tenga confianza en sí mismo y hable de sus sentimientos? ¿Disimula Abraham sus sentimientos delante de su mujer? O acaso ¿tiene Abraham sentimientos?

En la tienda de nómada la vida sigue. Lejos de ser una solución, el nacimiento del hijo de Agar no trae sino conflictos. Y después pasan algunos años y, a la edad de noventa y nueve años, Abraham tiene una nueva aparición de parte de su Señor. La promesa hecha decenios antes es renovada, y a la vez Abram se convierte en Abraham, es decir, «padre de una multitud». También cambia el nombre de Sarai: se convierte en Sara, la soberana.

El episodio se narra de manera muy viva en el capítulo dieciocho de Génesis. La atmósfera está tensa en el encinar de Mamré. El día es cálido y Abraham recibe a unos invitados. Sara tiene que ocuparse de la acogida de los extranjeros, y como cualquier mujer curiosa se queda a escuchar a la entrada de la tienda.

La promesa del nacimiento es imposible de creer. Ahora le toca a Sara reír en su interior, de reírse suavemente de su ser marchito. Dios la oye y ve, más allá de su risa, su humana duda.

Se rió, pues, Sara entre sí, diciendo: «¿Después que he envejecido tendré deleite, siendo también mi señor ya viejo?». Entonces Jehová dijo a Abraham: «¿Por qué se ha reído Sara diciendo: Será cierto que he de dar a luz siendo ya vieja? ¿Hay para Dios alguna cosa difícil? Al tiempo señalado volveré a ti, y según el tiempo de la vida, Sara tendrá un hijo». Entonces

Sara negó, diciendo: «No me reí; porque tuvo miedo». Y él dijo: «No es así, sino que te has reído» (Génesis 18:12-15).

La risa de Sara no se ha quedado en las sombras de la historia, todavía resuena. Ha dado lugar a poemas y canciones, e incluso espectáculos. La risa de la mujer de hoy se añade a la suya. Se oye un ligero arrullo, pero también un grito de dolor. Cuando una mujer no puede ya hacer otra cosa, aún puede dejar estallar su risa. Aparecen las lágrimas y es imposible fijar cuál sea el límite entre el lloro y las risas.

Me concedo la libertad de pensar que es posible detectar un matiz de escepticismo en la risa secular de Sara. ¿Qué puede saber un hombre del mundo de la mujer? ¿Podría saberlo Dios, si no fuera más que un hombre?

Pertenecemos a la familia de las mujeres, y sabemos cantar las canciones alegres tanto como las tristes. La frontera entre unas y otras se encuentra en las lágrimas, que lavan las mejillas y el alma. Bienaventurada aquella que sabe reír y llorar en las diferentes circunstancias de la vida.

La Biblia cuenta de manera muy bonita cómo Dios se ocupa de aquella Sara que se había reído (Génesis 21:1). Tras el parto, Sara refiere cómo recibió de Dios un motivo de risa y de alegría. Lo hace de tal modo que quienes la escuchan puedan reír también. Isaac, el nombre del hijo, hace pública la risa de Abraham, así como la de Sara.

«Dijo Sara: 'Dios me ha hecho reír, y cualquiera que lo oiga se reirá conmigo'» (Génesis 21:6). El tiempo del cumplimiento de la promesa, tras larga y dolorosa espera, esparce la alegría a su alrededor y el alma de la mujer envejecida se regocija como la de una jovencita.

Si una mujer es capaz de llorar sobre hombro de otra mujer, también podrá regocijarse cuando el problema se haya resuelto. En la risa se manifiesta el suspense de la espera. Para nosotras, siendo niñas, apenas hacía falta un motivo importante para que fuera imposible frenar una risa loca. Cuando una decía algo, el contagio de la risa pasaba de una a otra hasta no poder aguantar. Ese mismo fenómeno parece estar igualmente al alcance de las mujeres maduras.

No se me ocurre ninguna situación humana que no sea tratada en la Biblia. De qué manera tan natural y hermosa se habla de la crianza en el presente contexto. Al llegar el destete se iba a organizar una fiesta. Aún en nuestra época, esto podría ser un motivo de regocijo, un momento cuando madre e hijo ocupan el lugar central, y que marca la primera renuncia así como el primer paso hacia la independencia.

Podríamos festejar más los puntos de inflexión de la vida. Sería la ocasión para transmitir a las nuevas generaciones de forma totalmente natural, nuestra herencia fundamental, que remonta a la noche de los tiempos, así como nuestras tradiciones. Cuando en la familia celebramos los tránsitos y los diversos acontecimientos que reúnen a las diferentes generaciones, estamos creando una red de seguridad para los más jóvenes. Los niños lo necesitan para estar protegidos de las malas influencias externas. Ni siquiera el miembro más débil de la comunidad será así tenido por inservible y encontrará allí un lugar importante.

Sin embargo, para Sara, hay una sombra en el fondo de esta alegría. El medio hermano de Isaac, Ismael, es ya un adolescente y hace burlas como sólo saben hacerlas los chicos de su edad. La verdad cotidiana en la vida de Sara es compartir la vida de otra mujer y la de su hijo que crece. ¿Está Sara, una vez más, sola para resolver los conflictos, mientras Abraham prefiere escabullirse de los enfrentamientos entre mujeres? ¿O quizá piensa que las cuestiones de este tipo son de poca importancia comparadas con los problemas «de verdad»? Después de todo, en la vida hay otros asuntos en los que pensar. A él le tocan la gran promesa de Dios y los asuntos del altar, a las mujeres los líos de mujeres.

Muchas mujeres viven en la situación de «la otra», soportan los fallos de sus maridos o bien se ven obligadas a adaptarse a situaciones familiares de lo más variadas. La libertad de nuestra época causa tantas heridas como las restricciones de la vida nómada de Sara. En su época, simplemente, una no podía huir, ni irse de viaje, ni abrir nuevos caminos. Entonces no había casas de acogida, ni terapia familiar, ni fines de semana para hacerse mimar.

Sara tuvo que cosechar lo que había sembrado, pues hay un precio que se paga *a posteriori* por las decisiones que se toman por impaciencia y por incredulidad. Ciertamente ella salió del paso, pero la vida se volvió más complicada que antes.

Una mujer sale de las situaciones más extrañas. Las más de las veces cae sobre sus patas como un gato, lame sus yagas y sigue su vida. Se pliega, pero no se rompe tan fácilmente como un hombre. Se ha comprobado que la mujer segrega menos hormonas de estrés que el hombre. La capacidad de compartir su pena, de llorar hasta quedarse sin lágrimas sobre el hombro de otra mujer, ha sido de siempre una terapia gratuita.

Cuando se trata del fuero interno del ser humano, no parece que haya realmente nada nuevo bajo del sol. Tratamos de vivir lo mejor posible según nuestras capacidades, nuestra comprensión y nuestras fuerzas. No vemos lo que está por delante y no siempre llegamos a creer en la existencia de una providencia. Tenemos la impresión de que nuestra vida está en nuestras propias manos o bien, al contrario, que somos como arrastrados por la corriente. Es otro o son otros los que determinan y deciden nuestros asuntos.

Vivimos en dos niveles, por un lado en la realidad cotidiana, y por otro, en el imposible posible de la fe, en tensión entre el cielo y la tierra, con doble nacionalidad, podríamos decir. La música de los sueños del corazón es diferente de la de la vida misma. Por más que queremos dar oídos a la voz del corazón, creer y esperar lo mejor, la realidad cotidiana pasa por encima de nosotros con su fuerza destructiva. En ese tipo de confusión, la imagen que tengamos de Dios es muy importante. ¿Cómo es ese Dios en el que creo? ¿De dónde proceden mis convicciones? ¿Quién es él? ¿Cuál es su poder? ¿Cómo sé que me ve y me oye, a mí, ahora mismo?

El Dios de Sara había prometido lo imposible, más de lo que una mujer puede creer jamás. Parecería que por alguna razón Dios retardaba el cumplimiento de su promesa. Permite que la paciencia de la mujer se agote y que Sara ponga en marcha su propia solución con Agar. Dios conoce y sigue el desarrollo de los hechos. No se decepciona con Sara y no anula su promesa a causa de la debilidad del ser humano. La llevará a efecto de modo que no deje lugar alguno a los medios humanos.

La fe nos lleva al centro de lo imposible, dice un viejo sabio.

Vista después, la imagen aparece nítida. El gran proyecto se realiza a través de múltiples peripecias. El rompecabezas se construye en el sentido deseado por Dios. Los pedazos, las personas y sus destinos, se mueven de acá para allá, buscando cada uno su lugar. Los sentimientos también pertenecen ciertamente a la partida.

La carta a los Hebreos arroja luz para nosotros la fe de Abraham y de Sara:

Ahora bien, la fe es la firme seguridad de las realidades que se esperan, la prueba convincente de lo que no se ve. Porque por ella alcanzaron buen testimonio los antiguos... Por la fe Abraham, siendo llamado, obedeció para salir al lugar que había de recibir como herencia; y salió sin saber adónde iba. Por la fe habitó como extranjero en la tierra prometida como en tierra ajena, habitando en tiendas con Isaac y Jacob, coherederos de la misma promesa.

Porque esperaba la ciudad que tiene fundamentos, cuyo artífice y constructor es Dios. Por la fe también la misma Sara, siendo estéril, recibió poder para concebir; y dio a luz aun fuera del tiempo de la edad, porque creyó que era fiel quien lo había prometido. Por lo cual también, de uno, y ese ya muerto en cuanto a esto, salió una descendencia como las estrellas del cielo en multitud, como la arena innumerable que está a la orilla del mar.

Conforme a la fe murieron todos estos sin haber recibido lo prometido, sino mirándolo de lejos, y creyéndolo, y saludándolo, y confesando que eran extranjeros y peregrinos sobre la tierra. Porque los que esto dicen, claramente dan a entender que buscan una patria, pues si hubieran estado recordándose de aquella de donde salieron, ciertamente tenían tiempo de volver. Pero aspiran a una mejor, esto es, celestial; por lo cual Dios no se avergüenza de llamarse Dios de ellos, porque les ha preparado una ciudad (Hebreos 11:1-16).

Sara tuvo la oportunidad de criar a su hijo único hasta la adolescencia y la edad adulta. ¿Sabía ella lo que Dios le dijo a Abraham? ¿Habría dejado Sara que su hijo fuera al país de Moriah de haber sabido que Dios había ordenado el sacrificio de Isaac? La manera como Dios somete a prueba al ser humano era y sigue siendo chocante. Nos vemos forzados a preguntar por qué lleva al hombre al límite de sus fuerzas.

Dios no atormenta al hombre deliberadamente, sino que permite que se produzcan cosas terribles. Él ha puesto en sus manos un gran poder de decisión. Pero es el hombre el que no acepta asumir la responsabilidad por su propia cuenta, ya sea a nivel individual o colectivo.

Los pensamientos de mi amiga, la escritora Anne Fried se expresan en ese sentido: *Los seres humanos son responsables de los horrores que uno de ellos causa al otro. Es tiempo de que los hombres y las mujeres se den cuenta, acepten y reconozcan su propia responsabilidad por cuanto ocurre en la política nacional e internacional, y también por el uso de los descubrimientos científicos, así como por las leyes que rigen el bienestar o el malestar de las comunidades humanas.*

No hay un solo adulto que no sea hasta cierto punto responsable de lo que ocurre en la vida interna o externa de su familia, o en su entorno. Dios no crea los acontecimientos que nos ocurren. Nacen del hombre. Pero cualquiera que crea en Dios puede invocarle para recibir la fuerza para soportar los sufrimientos que nos prueban sin volverse esclavo del odio y de la amargura. Y nosotros podemos clamar a Dios para recibir el amor, que nos haga capaces de volvernos a las fuentes de la comprensión, de la empatía, y de la solidaridad aún en las crueles dificultades en las que el hombre cae a veces (Avoimin Silmin, *Los ojos abiertos*, Kirjapaja, 1997).

Isaac estaba soltero y tenía algo menos de cuarenta años cuando murió Sara, a la edad de ciento veintisiete años. Se dice que Abraham lloró e hizo duelo por su esposa, la madre de toda la tribu. Siendo una joven, emprendió viaje con su marido, caminaron mano a mano hacia un destino extranjero y desconocido. Habían vivido juntos las diversas circunstancias de una larga existencia.

Abraham sepultó a su esposa en la cueva de Macpela, en los campos de Mamré, es decir, en la región de Hebrón, en la tierra de Canaán. Abraham compró ese campo y su cueva a los heteos para hacerla la tumba de su familia, y árabes y judíos todavía se la disputan hoy. Cuando a Abraham le llegó el tiempo de morir, treinta y ocho años después, sus hijos lo sepultaron al lado de Sara. Entre los que asistieron a sus exequias había igualmente hijos de Ketura, que también tenían a Abraham por padre. Con todo, antes de morir, Abraham entregó toda su hacienda a Isaac. A los hijos de sus concubinas dio presentes y los envió lejos de Isaac.

En aquellos momentos, las relaciones familiares se estaban envenenando alrededor de la tumba, y es lo que ocurre también hoy. La historia está siempre presente y se repite de diferentes maneras. Habría sido interesante leer algo sobre la relación entre la madre anciana y su hijo. El vínculo, la dependencia, la proximidad y la necesidad de independencia no debieron apenas de coexistir sin complicaciones. Quizá podríamos ver en esta relación puntos en común con las que hay entre madres e hijos de nuestra época, aunque los tiempos sean diferentes.

Son muchos los hijos a los que cuesta desligarse de las faldas, de la pensión completa y de la beca de sus madres. Estas no siempre saben en qué momento han de empujar a sus hijos fuera del nido para que aprendan a volar. Algunos se desligarán más rápidamente, otros más lentamente. El momento de la osificación de las alas puede tardar, y la madre no se atreve a empujarlo fuera. Los hombres solteros adultos se encuentran tanto en las cabañas de los campos como en los inmuebles de las ciudades. La violencia física y psíquica, el miedo y la vergüenza forman parte de la vida normal. ¿Cómo podrá una mujer más joven, llagada de fuera, hacerse un hueco en medio de tal relación?

Creo que tras la muerte de Sara, a quien se la llama madre de la fe, Isaac, soltero entrado en años, se quedó solo junto a su padre anciano y sus sirvientes. Puedo comprender perfectamente que su padre haya querido para su hijo una mujer de su propia región de nacimiento, de la familia de su mujer. Isaac no era un cualquiera, era el heredero de una gran promesa, y de él se esperaba el acrecentamiento del pueblo de la promesa. La elección de la esposa era importante. El capítulo veinticuatro de Génesis cuenta con fuerza detalles del viaje para buscar la esposa, las señales y la dirección de Dios en el asunto.

Era necesario que Isaac tuviera la esposa correcta para asegurar la descendencia dada en la promesa. Todo tenía que ocurrir adecuadamente, al fin y al cabo era Dios el autor de las promesas.

Capítulo 3

La mujer de Lot

La que mira atrás

Verdaderamente, no sé a quién estoy esperando. A penas es posible mantener una conversación con una estatua de sal. Y sin embargo, es así como se la conoce, según el relato del capítulo diecinueve del Génesis.

En la historia de la mujer de Lot, los ángeles juegan un papel significativo. Esos ángeles acaban de visitar a Abraham, de anunciarle el nacimiento de un hijo, y de oír la célebre risa de Sara. Estos mismos ángeles-hombres continuaron su camino hacia Sodoma, donde vivía Lot, el sobrino de Abraham. Mientras los acompañaba, Abraham se entera de que el Señor tiene la intención de destruir la tal ciudad a causa de su vida de pecado. Él le pide al Señor que la perdone, si al menos se encuentran en ella diez justos.

Los caminos de Abraham y de Lot se separaron cuando Abraham volvió de Egipto. Había habido disputas entre sus pastores respectivos y Abraham, hombre de paz, dejó que su sobrino eligiera el lugar donde habría de establecerse. Lot escogió los mejores pastos y es así como su ruta lo lleva a la llanura del Jordán. Llega a ocupar una posición respetable en la ciudad de Sodoma, de dudosa fama.

Llegaron, pues, los dos ángeles a Sodoma a la caída de la tarde; y Lot estaba sentado a la puerta de Sodoma. Y viéndolos Lot, se levantó a recibirlos, se inclinó hacia el suelo y dijo: «Ahora, mis señores, os ruego que vengáis a casa de vuestro siervo y os hospedéis, y lavaréis vuestros pies» (Génesis 19:1-2).

En aquel momento Lot no sabía que aquellos ángeles iban a salvarle a él, a su mujer y a sus hijas, de la violencia de los habitantes de la ciudad. Los ángeles eran portadores tanto de la amenaza como de la protección. Los habitantes de la ciudad, que vivían en el pecado, no podían soportar la pureza que los ángeles transmitían incluso sin palabras.

Como padre, Lot aparece bajo una luz extraña al ofrecer a sus hijas, vírgenes, como pasto de la multitud. Protege a los ángeles-hombres antes que a sus propias hijas. No se dice ni palabra de la madre de las jovencitas. Quién sabe, quizá fuera para ella una sorpresa total ver que ni su posición ni sus posesiones bastaban para proteger a la familia en un momento difícil.

Levántate, toma a tu mujer y a tus dos hijas que se hallan aquí, para que no perezcas en el castigo de la ciudad. Y deteniéndose él, los varones asieron de su mano, y de la mano de su mujer y de las manos de sus dos hijas, según la misericordia de Jehová para con él; lo sacaron y lo pusieron fuera de la ciudad (Génesis 19:15-16).

Es cuestión de vida o muerte, por eso los ángeles tienen que agarrarlos de las manos. ¡Quién remoloneaba más, los pies de la mujer de Lot o su corazón, no lo sé! ¿Era difícil para ella, como madre, abandonar a sus hijas que puede que estuvieran desposadas, o quizá dejar aquella vida agradable que la familia habría podido disfrutar durante años? Puede que su discernimiento del bien y del mal se hubiera embotado durante su estancia en Sodoma y que las influencias de su entorno hubieran echado raíces en su alma. Para ella Sodoma representaba más que una ciudad. Era un modo de vida y una atmósfera.

Los ángeles les dieron un último aviso: «*Escapa por tu vida; no mires tras ti, ni pares en toda esta llanura; escapa al monte, no sea que perezcas*» (Génesis 19:17).

Cuando Lot y su familia llegan a la aldea de Zoar, comienza a llover fuego y azufre, y Sodoma es destruida por completo. Se les recomendó ir hacia adelante y no mirar atrás. Seguramente, la mujer de Lot camina detrás de su marido, según la costumbre de su tiempo. Puede que sus pasos se hicieran cada vez más lentos, ya no puede resistir la tentación y toma su decisión, sin que nadie la vea.

Se dice que la mujer de Lot miró hacia atrás y fue transformada al instante en estatua de sal, mientras que los otros avanzaban a toda prisa sin saber lo que ocurría a sus espaldas. Tras este hecho terrible, Lot abandona Zoar con sus dos hijas y se instala en la montaña. Se dice que, por miedo, vivirán en una cueva.

¡Qué catastrófico final, para una vida de lujo! ¿O quizá se ofrecía ante ellos una nueva posibilidad? De cualquier manera, los supervivientes tuvieron que volver a reunir los pedazos del rompecabezas de sus vidas y volver a comenzar de cero.

La mujer de Lot, la estatua de sal, es el símbolo de un carácter y de un destino. Hay mujeres que nunca llegan a renunciar a nada. A fin de cuentas, los objetos, las cosas visibles, se convierten en la red de seguridad de sus vidas. Y eso clava a las personas en el sitio, su vida interior se encoge y viene a ser como una «estatua rígida», o como un «palo». Ya no vive, está muerta en vida.

Cuando una mujer se entretiene entre las cosas que destruyen su vida, hace falta a veces un ángel que la agarre firmemente y la sostenga de la mano para ayudarla a soltar amarras. La mujer misma no es siempre consciente de la dimensión de la amenaza.

El dicho «Acordaos de la mujer de Lot» es una enseñanza usada tanto en el Nuevo Testamento (Lucas 17:29-33), como en el lenguaje corriente en distintos contextos. Es una advertencia que marca un veredicto, y que se puede interpretar incluso como una amenaza.

Pero en mi opinión, también se puede considerar esta expresión de forma positiva. Su mensaje nos anima a seguir nuestro camino cualesquiera que sean nuestros sentimientos. Podemos dejar las cosas pasadas detrás de nosotros, aún tenemos la vida por delante, incluso si en este momento yo no lo percibo así. Como decía Kierkegaard, «La vida sólo se la comprende después, pero se la vive hacia adelante».

Cuando pienso en la mujer de Lot, pienso también en otra mujer de la Biblia, cuyo gesto ha permanecido igualmente actual, María de Betania. Ella rompió un frasco lleno de perfume de nardo de gran precio, cuyo perfume se extendió por toda la estancia. La una se convirtió en un ejemplo a no seguir, la otra en el de un amor dispuesto al sacrificio. Hoy aún hay mujeres que se encuentran en circunstancias semejantes.

Es fundamental que sepamos la diferencia que hay entre las voces amenazantes y la de Dios. A nosotros nos toca escoger a quién creemos y a quién preferimos seguir.

«Asimismo como sucedió en los días de Lot; comían, bebían, compraban, vendían, plantaban, edificaban; pero el día en que Lot salió de Sodoma, llovió del cielo fuego y azufre, y los destruyó a todos. Así será el día en que el Hijo del hombre se manifieste.

En aquel día, el que esté en la azotea y sus bienes en casa, no descienda a tomarlos; y el que esté en el campo, asimismo no vuelva atrás. Acordaos de la mujer de Lot. Todo el que procure salvar su vida, la perderá; y todo el que la pierda, la salvará» (Lucas 17:28-33).

Una mujer con el corazón dividido

Desaparecidas Sara y la mujer de Lot, abro el Antiguo Testamento en el capítulo veinticuatro del Génesis. Saliendo de las sombras de los árboles vemos aparecer a la encantadora nuera de Sara.

También para ella un pozo fue un lugar determinante para su destino. Es el momento de escuchar su historia.

Y el criado tomó diez camellos de los camellos de su señor, y se fue, tomando toda clase de regalos escogidos de su señor; y puesto en camino llegó a Mesopotamia, la ciudad de Nacor. E hizo arrodillar a los camellos fuera de la ciudad, junto a un pozo de agua, a la hora de la tarde, la hora en que salen las doncellas por agua. Y dijo: «Oh Jehová, Dios de mi señor Abraham, dame, te ruego, el tener hoy buen encuentro, y ten misericordia de mi señor Abraham. He aquí yo estoy junto a la fuente de agua, y las hijas de los varones de esta ciudad salen por agua. Sea, pues, que la doncella a quien yo diga: 'Baja tu cántaro, te ruego, para que yo beba', y ella responda: 'Bebe, y también daré de beber a tus camellos', que sea ésta la que tú has destinado para tu siervo Isaac. En esto conoceré que has hecho misericordia con mi señor».

Y aconteció que antes que él acabase de hablar, he aquí Rebeca, que había nacido de Betuel, hijo de Milcá mujer de Nacor, hermano de Abraham, la cual salía con su cántaro sobre el hombro. Y la doncella era de aspecto muy hermoso, virgen, a la que varón no había conocido (Génesis 24:10-16).

El nombre de la joven evoca una especie de cordel, de cuerda, usada para los animales. Una imaginación sin riendas podría asociar la belleza de la mujer a la atadura que rodea al hombre, que lo atrapa en su red, y al hecho de que Isaac fuera seducido por la belleza de Rebeca.

Si hay alguien escogido por Dios, esta fue Rebeca. Sin la menor duda, ella era la mujer que necesitaba Isaac. Una dirección maravillosa, un pensamiento exacto, no cabe respuesta más evidente y magnífica a la oración.

Esta bella muchacha tenía rasgos del carácter que hicieron que el criado estuviera seguro del asunto. Era abierta y amable, servicial y dispuesta. Estaba acostumbrada a meter sus manos en la masa, a sacar agua del pozo, a servir a los demás.

Rebeca era la hija del primo de Isaac. El buen ambiente y las relaciones que había en la familia se ponen de manifiesto por el hecho que los padres pidan a Rebeca su opinión sobre esta cuestión tan importante de su incumbencia. El padre y la madre no desean dejar marchar a su hija tan rápido y piden poder retenerla con ellos diez días más. Pero Rebeca quiere marchar de inmediato. Ella sabe lo que quiere.

Seguida de la bendición paterna, Rebeca y su nodriza Débora montan en los dos camellos pudiendo así iniciar el viaje en compañía del criado. Desposar a un hombre que no conocía y que jamás había visto era, evidentemente, un riesgo, pero en aquel tiempo era el destino natural de una mujer en edad de casarse.

Al dejar la casa, la joven Rebeca no podía saber los acontecimientos que iba a vivir en los años venideros. Dios se los había ocultado, tal como lo hace siempre con todos aquellos que dejan su propio camino para caminar con otro por el suyo. ¿Y nosotros, nos atreveríamos a ir si lo supiéramos todo? Incluso si estamos íntimamente convencidos y confiados en la dirección divina, a nadie se le garantiza un futuro sin problemas.

Entre tanto, Isaac se encontraba junto al pozo del «Viviente que me ve», pues vivía en el Neguev. Este pozo es famoso porque, en su desgracia, Agar, que estaba embarazada, había dado allí al Señor el nombre de *El Roi*, «el Dios que me ve».

El primer contacto entre Isaac y Rebeca sucede por la tarde junto a ese pozo. En el trascurso de su paseo vespertino, ve venir hacia él una caravana de camellos. Rebeca ve al hombre que se acerca, cubre su rostro con su velo según la costumbre de su tiempo y salta a tierra desde su camello (Génesis 24: 63-66).

Naomi M. Hyman, rabina y poetisa judía, dice que la palabra hebrea que corresponde a «saltar a tierra» puede significar «arrodillarse» o incluso «caer de bruces». Así que es bastante posible que Rebeca, bajo el peso de sus sentimientos y toda turbada, se haya dejado caer de la silla de su camello. ¿Es guapo el hombre que se acerca? ¿O puede que se sorprendiera de verlo tan mayor, él, que debía ser la realización de su sueño de jovencita? O quizá su espíritu se llenó de una certidumbre total y embriagadora: «¡Es él, seguro!».

Isaac, de unos cuarenta años de edad, lleva a Rebeca, que tenía unos veinte años menos que él, a la tienda de Sara, su madre, y la toma por mujer. La joven entra en la tienda en la que, quién sabe, observa las huellas de las manos de su suegra, toda una señora. ¿Cuánto tiempo hará falta para que Rebeca se sienta en su casa en esa tienda?

Aparentemente su marido aún no ha superado su duelo, pues se dice que Rebeca le aportó consuelo en su dolor. *Y la trajo Isaac a la tienda de su madre Sara, y tomó a Rebeca por mujer y la amó, y se consoló Isaac después de la muerte de su madre* (Génesis 24:67). He pasado tiempo meditando sobre la relación entre madre e hijo y sobre las consecuencias de ese cordón umbilical que se mantiene hasta la edad adulta. Esta madre, ya anciana, había esperado durante tanto tiempo al hijo, y poco le faltó para perderlo cuando tenía veinte años, siendo el portador de la promesa de un porvenir. ¿Era necesario esperar a que llegara la muerte para que este cordón se cortara?

Rebeca es la primera que, entre las esposas mencionadas en la Biblia, no se ve obligada a sufrir la poligamia. Ella no tuvo que entrar en competición con ninguna otra para obtener el favor de su marido, ni siquiera con su suegra. Fue la esposa bien escogida, representaba el amor, el consuelo y el ser consciente de una gran promesa. Le esperaba un gran porvenir.

Cuando el padre Abraham muere a la edad de ciento setenta y cinco años, Isaac queda como portador de la promesa. Su unión con Rebeca será duradera, tal como lo había sido la de Abraham con Sara. Esta unión lo aguantará todo, lo creerá y esperará todo.

Pero el amor experimenta sus pruebas.

Isaac y Rebeca se enfrentaron a los mismos problemas que Sara y Abraham. La tensión entre la promesa y la esterilidad tenían seguramente que aparecer cada mes, aunque no se diga nada al respecto.

La palabra estéril es una palabra fuerte. Vacío, inútil, no apto, inadecuado, malo, defectuoso. Cuando se aplica a una mujer joven o a un hombre joven, es un golpe implacable. Y siempre hay gente dispuesta a golpear, la mayoría de ellos golpea el alma sin tener ni idea. Las sugerencias pueden hacerse sin pensar o ser incluso estúpidas.

Aunque tomar varias mujeres fuera algo habitual, Isaac no lo hizo. Y Rebeca, a pesar de su esterilidad, tampoco ofreció su esclava a su marido como madre de alquiler. ¿Qué clase de matices pudo aportar a su relación este problema? ¿Vivían ellos confiados firmemente en la promesa hecha a su antepasado de periodo en periodo, año tras año? Como simples mortales no podían escabullirse de las decepciones repetidas. ¿Les ayudaba acaso a esperar en fe el final de Sara y Abraham? Quizá Isaac y Rebeca esperaban también un milagro.

Sea como fuere, se dice que Isaac oró por su mujer al Señor. Se cuenta brevemente, y a continuación se nos da a entender que Dios oyó su plegaria. *Y oró Isaac a Jehová por su mujer, que era estéril; y lo aceptó Jehová, y concibió Rebeca su mujer* (Génesis 25:21).

Efectivamente, Rebeca se queda embarazada, pero para tener una pequeña idea de la persistencia de esta oración, será bueno leer algunos versos más adelante. Vemos que Isaac tenía sesenta años cuando le nacen los gemelos.

Así que ¡oraron durante veinte años para tener un niño! Esto nos permite coger un poco de aliento. Cuántas veces se nos dice que Dios nos escucha cuando oramos. Y también que él responde a la oración, tal como hizo con Isaac. ¿Es así de simple, basta con saber orar correctamente y con fervor? ¿De verdad?

Sospecho que más de una se dice: he tratado de orar, de llamar a la puerta, de suplicar y de demandar, pero no se oye ninguna respuesta. Se diría que Dios responde constantemente a algunos, pues muchos están entusiasmados con las respuestas recibidas a sus oraciones. Hay quien recibe un marido, otra un hijo, otra un trabajo. Otra ora para conseguir una vivienda y lo consigue. Una quinta ora por sanidad y obtiene la salud.

Por tanto hay un problema en alguna parte. ¿Soy yo? ¿Se trata de la debilidad o de la incompetencia de mis oraciones? ¿Acaso no soy lo suficientemente perseverante y fiel? Si no sabemos orar correctamente parece que tampoco recibamos la buena respuesta.

¿O acaso se trata de la mediocridad y de la insuficiencia de mi vida entera? Como ser humano no soy lo bastante buena ni para mí misma ni para los demás, ni sin duda incluso tampoco para Dios como *creyente*.

Sucede que dejamos de orar porque tenemos la impresión de encontrarnos fuera del «terreno espiritual». Uno no se siente ya contado entre los que son tocados por la gracia, del círculo de los cercanos, de la «familia». Simplemente, lo que siente la persona en cuestión, es que no se está a la altura.

La contestación que Isaac recibió a su oración puede consolarnos a todos. Tuvo que orar por la misma y única cosa durante veinte años. Los que pertenecen a Dios no obtienen respuesta simplemente chasqueando los dedos, ni siquiera porque sean hijos elegidos, hijos prometidos.

En el mundo de Dios no hay ni atajos ni favoritos. «Quien llega a la cima de la montaña en tren, no ha aprendido su lección de alpinista», me dice sabiamente mi amigo.

Dios no ha aceptado nunca estar al servicio del hombre, y no parece que lo vaya a aceptar ahora. No faltan quienes difunden este tipo de imagen de Dios e incitan a los hombres a gritar y a orar desgañitándose, a ayunar y a procurar alcanzar un nivel espiritual más elevado con el fin de ser oídos.

«La oración del ser humano es una actividad necesaria, pero ni por un segundo debemos pensar que Dios se despierta y se pone en acción cuando lo importunamos», dijo en su momento el apreciado predicador y escritor Niilo Tuomenoksa.

Rebeca e Isaac recibieron respuesta a su oración, pero en esa respuesta ya estaba el germen de un nuevo sufrimiento. Cuando oro, no puedo saber con exactitud lo que en realidad he orado. Cuando un problema recibe una respuesta feliz, en ninguna manera puedo adivinar lo que viviré más tarde en relación con esa cuestión.

Y eso es exactamente lo que le pasó a esta familia escogida por Dios.

Las respuestas de Dios se encajan en designios más amplios. No responden al entusiasmo del momento, sino que al mismo tiempo miran *más lejos*. *La respuesta de Dios se basa en un proyecto a largo plazo, sus pensamientos no son nuestros pensamientos. Y el ser humano debe* estar contento con ello. La fe confía en algo que la supera, sin ni siquiera comprender.

Porque mis pensamientos no son vuestros pensamientos ni vuestros caminos mis caminos, dice Jehová. Pues así como los cielos son más altos que la tierra, así son mis caminos más altos que vuestros caminos y mis pensamientos más que vuestros pensamientos (Isaías 55:8-9).

Cuando por fin Rebeca se queda embarazada, los muchachos que están en su seno, ya se enfrentan el uno al otro. Pero como los hijos luchaban dentro de ella, Rebeca pensó: «Si es así, ¿para qué vivo yo?» (Génesis 25:22)[2]. En la Biblia hay varios relatos sobre niños que han de nacer, pero sólo en dos ocasiones se trata de gemelos, los de Tamar y los de Rebeca.

Durante su preñez, Rebeca experimentará sentimientos mezclados y reflexionará, tal como lo haría una mujer de hoy. Tras años de oraciones fervientes, la vida debería ser equilibrada y luminosa. ¿Por qué esas sensaciones extrañas durante el tiempo de espera? ¿Se tiene miedo y se está angustiada? Y después se sienten dolores ¿acaso son ya contracciones? ¿Acabará esto en un falso alumbramiento? ¿Por qué nada se mueve en el útero? ¿Por qué estoy angustiada cuando todo debería ir bien?

Cada mujer embarazada filtra muchas veces sus propias preguntas. Se diría que ningún libro de consejos habla de embarazos como el mío. ¡Si tan sólo pudiera alguien decirme si todo esto es normal y cómo van las cosas!

La mujer embarazada observa diversos puntos de referencia, medita, interroga las cosas que van a suceder y las interpreta. De pronto una palabra da que pensar y no deja dormir. No se llega a hablar de todo, ni siquiera con la familia. Aun estando en una situación bendecida, una duda entre volverse hacia dentro o hacia fuera. Y al final del embarazo hay una

---

2. Merece la pena señalar que la versión de la Biblia usada en la versión francesa traduce la última frase diciendo «*pourquoi cela m'est-il arrivé?*», «¿por qué me pasa esto?». Otras versiones dirán: «¿para qué estoy embarazada? o ¿para qué estoy aquí? o ¿qué me está pasando?». Son matices que pueden ser interesantes en el tema de la oración (N.T.).

interacción importante entre madre e hijo. El cordón umbilical los une y, sin embargo el uno no es copia del otro. La unión y la separación son simultáneas, y son la preparación para la vida.

La Biblia cuenta que Rebeca pide consejo al Señor. Medita en sí misma y el Señor le responde. La respuesta es especial y complicada. Hay allí dos pueblos que crecen, uno será más fuerte que el otro, el mayor deberá servir al menor. El tiempo de espera girará en torno a estos extraños pensamientos.

Me he preguntado si Rebeca pudo hablar con su marido de lo que ella había oído. No se nos dice nada, pero estaría tentada de pensar que ella cargó con todo sola en su corazón. En todo caso, seguramente compartiría sus sentimientos al encontrarse con otras mujeres. Junto a ella estaba su propia nodriza, en la que podía confiar y que estaba obligada al secreto profesional.

Cuando nacieron los chicos, el padre ya era mayor. ¿Qué podía esto significar en cuanto a su relación con su mujer y sus hijos? De todos modos los niños eran para él una señal del cumplimiento de la promesa que Dios había hecho a Abraham. Quizá eso bastaba. La línea continuaba.

Cuando oramos con celo por alguna cosa importante para nosotros, está claro que no oramos para tener más problemas. Pero con frecuencia estos problemas parecen formar parte de la respuesta. Cuando nacen los hijos en una familia, su crecimiento traerá a los padres desafíos que no pueden ser obviados. Tanto los hijos muy deseados como los «bebés sorpresa» traen con ellos a lo largo de los años toda clase de imprevistos suplementarios. Nadie se escapa de las dificultades.

Puede suceder que los hijos traigan la división a la familia, tal como se produjo en el hogar de Isaac. El padre y la madre tenían gustos diferentes. Isaac amaba a Esaú, quien se mostró como un hombre del desierto, de los bosques –el antepasado de los ecologistas–. El padre tenía predilección por la caza sabrosa, y gracias a su hijo la tenía hasta quedar satisfecho.

El nacimiento de los gemelos y la diferencia entre sus dos temperamentos evidencia también el de la madre. A Jacob le gustaba estar en casa pensando tranquilamente, era un poeta. ¿Eran almas hermanas que se reencontraban, o bien el mensaje recibido por la madre durante su embarazo ejerció desde muy pronto una influencia sobre su entendimiento mutuo? No sabemos nada de si la madre habló previamente con Jacob sobre el derecho de primogenitura. ¿Sería posible que ella no le hubiera dicho nada al respecto siendo que eran tan cercanos el uno del otro?

¿Qué hacer? El corazón sabe cuál de los dos es más querido, o bien el más fácil de querer. El amor no se impone, ya sea por parte de la madre o del padre. Una relación menos cercana también implica amor, simplemente se manifiesta de forma diferente. En una relación de amor entre hijos y padres se viven igualmente circunstancias, flujos y reflujos diferentes. Hay momentos en los que esta relación parece unilateral, pues uno de los dos se niega a aceptarla. Las acciones hablan más alto que las palabras, pero no siempre se saben las acciones que el otro desea. El «acércate–aléjate» forma parte de la tensión del amor cotidiano.

Es triste que uno de los hijos carezca completamente del amor de sus padres, que sea dado de lado y considerado nulo en lugar de ser apreciado. Las secuelas de una situación tal son tan desastrosas para el niño como para los padres. Más tarde será difícil de crear esta relación, a menos que se encuentren factores de reconciliación y que se pida y se conceda el perdón.

Sin embargo, en la familia de Isaac cada uno de los dos muchachos recibió su parte –felicidad o desventura–. Quién sabe, quizá Rebeca había descubierto a su hijo su corazón de madre, ya que Jacob tuvo la idea de proponer a su hermano que vendiera su primogenitura tan pronto como la ocasión se presentó.

El momento era propicio para una propuesta así, pues su hermano estaba agotado al volver del bosque. Cuando uno está verdaderamente muerto de hambre, un asunto de principios como este de la primogenitura puede que no parezca demasiado importante. No está mal cambiarlo por un plato de potaje. Seguramente, al estar completamente agotado, Esaú pensó que la muerte no estaba lejos. Este hombre fuerte tenía sentimientos fuertes, vivía una vida a tope y al límite en medio de la naturaleza. En aquel preciso momento unas sutiles consideraciones filosóficas y un pensamiento sobre la primogenitura no hallaban eco en él.

Quizá Jacob, un hombre más creyente y más espiritual, supo buscar las promesas y las bendiciones vinculadas al derecho de primogenitura. Sólo que el medio utilizado para conseguirlo no fue justo.

Entonces Jacob dio a Esaú pan y del guisado de las lentejas; y él comió y bebió, y se levantó y se fue. Así menospreció Esaú la primogenitura (Génesis 25:34). Uno de los hermanos dio al otro lo que necesitaba, el cual comió y después se olvidó de lo ocurrido. En la vida había cosas más importantes y más del momento, tareas cotidianas y concretas.

Así es como Jacob se hizo con su derecho de primogenitura... y la vida pastoril continúa, el numeroso grupo va de un lugar a otro y los viejos pozos son reabiertos. Cuando llega a la edad adulta, su padre Isaac levanta un altar para orar al Señor.

No se dice nada de Rebeca, pero estoy segura que estaba atenta y seguía al detalle las iniciativas de su hijo. Pero eso no era todo. Ella se acordaba de que el Señor le había hablado de más.

Los chicos se hacen mayores y Esaú se busca esposa entre los heteos. Esto será motivo de gran preocupación para su padre y para su madre.

Rebeca e Isaac eran partidarios de la monogamia y según pensaban, no se podía tomar esposa de cualquier nación.

¿Cómo podía ser el Esaú ya adulto, él que en su juventud había vendido su primogenitura por un plato de lentejas? ¿Lo turbaba esto todavía, ejercía una influencia sobre la relación entre los dos hermanos o sobre la confianza mutua entre padre e hijo? ¿Sabía Esaú que su madre había tenido conocimiento del asunto mucho tiempo antes?

Siempre podemos barrer bajo la alfombra las tensiones familiares, y las preguntas sin respuesta, pero eso no hace que desaparezcan.

De vez en cuando reaparecen en nuestra memoria, perturban el desarrollo tranquilo de la vida y reclaman aclarar las relaciones. Los secretos no tratados pasan aún hoy de una generación a otra y siembran la confusión e incluso la vergüenza.

El día en que Isaac le pide que vaya a cazar, a Esaú parece fallarle la memoria, o quizá le pareció que la cosa carecía de importancia. El padre promete darle su bendición durante la comida. Rebeca oye la conversación y va corriendo a decírselo a Jacob. La situación le parece crítica. La tunantería cometida tanto tiempo antes amenaza con salir a la luz ahora que el padre está a punto de morir.

No hay mucho tiempo. Después de que Esaú se fuera en busca de caza, Rebeca actúa rápidamente y le pide a Jacob que se apresure a llevarle el plato a su padre. Ella es quien decide qué hay que hacer y cómo. Jacob trata repetidamente de oponerse a las directrices de su madre, lo que teme es que cuando se descubra el engaño, su padre lo maldiga en vez de bendecirlo.

Le cuesta trabajo fingir ante su padre y engañarlo taimadamente. Pero su madre se mantiene firme. Incluso acepta asumir la maldición en caso de fracaso. «Obedéceme, y haz lo que te digo», le dice a su hijo ya crecido.

Estas palabras saltan a la vista. No se trata de historia, ni de religión, sino de algo cotidiano aún presente en nuestro milenio.

El dominio de la madre sobre el hijo ha sido y sigue siendo verdad, para bien y para mal. Es un abuso de poder temible, que más de una madre llama equivocadamente amor. Una vez más Rebeca vuelve a decirle a su hijo: «Haz tan solo lo que te digo». Y el hijo lo ejecuta.

El escritor Samuel Morely ha dicho: «He progresado mucho para llegar a ser lo que mi madre me destinó a ser». En el Antiguo Testamento se habla de otro hijo que obedece a su madre para mal; se trata de Ocozías: «Su madre le aconsejaba a que actuara impíamente» (2 Crónicas 22:3).

Una vez que Rebeca preparó el guiso, vistió a Jacob con las ropas de su hermano y recubrió sus brazos con una piel de cabra, entrando así Jacob donde su padre. Aquel debió ser para él un momento angustioso.

Parece que aún hoy para algunos hombres sea difícil acercarse a su padre. He oído a más de un hombre adulto que todavía estaba esperando la aprobación de su padre. Incluso al borde de la tumba se puede llorar por el amor de un padre. ¿Me quería menos que a nadie? ¿Por qué nunca me habló de sus sentimientos? ¿Por qué dos hombres tan importantes el uno para el otro no llegaron a hablar de cosas que les concernían profundamente? ¿Respondo yo a las expectativas de mi padre?

Para Jacob, la pregunta era saber qué le ocurriría si su padre lo reconocía. ¿Cómo podría desviar hacia su madre la posible maldición que le sobrevendría? Ante él está su padre anciano, al que aprecia, y detrás su muy querida madre. Ya no es posible dar marcha atrás.

Los versículos que narran esta situación (Génesis 27:18 y ss.) llevan una gran carga emotiva. Casi se palpa la tensión en el aire. Fuera de la tienda brilla el sol, el polvo de arena llena los ojos y el viento agita los paños de la tienda. Los camellos están plácidamente recostados en su lugar. Los niños gritan como cualquier otro día. El viejo padre, ciego de cataratas, y el adulto vestido con ropas prestadas están cara a cara. La madre, tensa, espera fuera de la tienda y escucha.

Jacob había aprendido bien su papel de timador. Hasta su nombre evoca las palabras «el que engaña». Cuando el padre muestra su sorpresa, el hijo sabe dar una respuesta espiritual convincente y mentir sin vergüenza a su padre. *Entonces Isaac dijo a su hijo: «¿Cómo es que la hallaste tan pronto, hijo mío?». Jacob respondió: «Porque Jehová, tu Dios, hizo que la encontrase delante de mí»* (Génesis 27:20).

Jacob tiene todavía que pasar otra prueba. El padre quiere tocarlo. Se ha suscitado una duda, y sus ojos no pueden ya verificar la situación. La voz es la de Jacob, pero las manos velludas son las de Esaú. El padre se ve obligado a confiar, pero antes de que la comida comience plantea la pregunta una segunda vez.

¿Cuál podía ser el ambiente mientras comían? ¿Tendría cada uno en el corazón una lucha de la que no se atrevía a hablar con el otro? No creo que Rebeca haya permanecido en su sitio en su propia tienda. Había perdido la paz del alma para siempre.

Acabada la comida, Isaac da a Jacob la bendición del hijo mayor y al besarlo reconoce una vez más el olor de la ropa de Esaú. Queda definitivamente tranquilo. El momento es solemne e irrevocable.

No se dice nada de los sentimientos del hijo. Se apresura a salir de la tienda de su padre, pues su hermano está volviendo del bosque. Madre e hijo están alegrándose cuando el hermano mayor entra lleno de esperanza en la tienda de su padre con la comida que había preparado. Espera la bendición que su padre le había prometido aquella misma mañana.

La relación entre Isaac y Esaú era abierta y confiada. Como almas gemelas no necesitaban hablar mucho, conocían de todos modos los movimientos del corazón el uno del otro. Sus tratos habían siempre sido francos y abiertos. El padre reconocía el olor de su hijo aunque ya no lo viera.

Este encuentro entre padre e hijo que debía ser tan solemne, será por el contrario muy doloroso.

«Levántese mi padre y coma», dijo el hijo. La hora del juicio había llegado. El padre tiene miedo, no puede hacer absolutamente nada. Ha sido engañado de forma estrepitosa, pero lo hecho, hecho está.

Y he aquí que Esaú se atreve a tratar a su hermano como doblemente engañador, aquel hermano cuya condición ve amargamente salir a plena luz del día. No supo ni se atrevió a acusar a su madre. Puede que ni siquiera pudiera imaginarse que ella hubiera intrigado a sus espaldas. O puede que el padre no hubiera soportado oír tal cosa. El hijo protege a su madre o quizá le es imposible ver su vileza y astucia.

Incluso en la edad adulta el amor de un hijo puede ser una mezcla de respeto y de temor. «Mamá siempre quiso obrar bien. Ella no podía estar equivocada».

«¿No has guardado bendición para mí?». Es la última exclamación de Esaú, hombre adulto. Necesita terriblemente la bendición de su padre. Llora e implora. La situación, tremendamente triste, es inapelable.

Y Esaú respondió a su padre: «¿No tienes más que una sola bendición, padre mío? ¡Bendíceme también a mí, padre mío!». Y alzó Esaú la voz, y lloró. Entonces Isaac, su padre, habló y le dijo: «He aquí, será tu habitación en grosuras de la tierra, y del rocío de los cielos de arriba. Y por tu espada vivirás, y a tu hermano servirás; y sucederá cuando te fortalezcas, que descargarás su yugo de tu cerviz» (Génesis 27:38-40).

¡Ay, padres desgraciados, hijos desgraciados, siempre! ¡Pobres de nosotras, las madres!

Isaac habla a su hijo como viendo su futuro. Lo que ve es doloroso, pero con todo vendrá un tiempo en el que Esaú romperá el yugo que su hermano va a imponerle sobre su cerviz. Y provisto de estas palabras Esaú abandona la tienda de su padre.

El odio y el desengaño hacen nacer la idea de venganza. Esaú no puede vivir bajo el peso de una injusticia y es por ello que la convivencia con su hermano ya no es posible, y un acuerdo tampoco.

Esaú hace notorio su odio y eso llega a oídos de su madre. Ya no hay ni alegría ni paz para Rebeca y así comienza a elaborar planes para lo que sigue. Hay que poner a su muy querido Jacob a cubierto de la amenaza de muerte de su hermano. Además, si Jacob muriera, Esaú moriría también en el corazón de Rebeca. La madre perdería a sus dos hijos, aquellos que habían sido la respuesta a sus oraciones. Y ella no tendría que ir muy lejos para hallar a la culpable.

Podríamos preguntarnos qué clase de respuesta a la oración sería aquella. El pesar y el temor, la malicia de la madre y la amenaza de muerte de un hermano. Dios permitió que la fealdad y la bajeza humanas aparecieran abiertamente, y lo hizo registrar por escrito para que nosotros también nos acordemos de ello. Nació así un relato que nos ayuda a comprender mejor las profundidades de nuestra propia malicia como seres humanos. Y así se resalta la calidad incomparable de los pensamientos eternos de Dios.

La vida de oración del hombre nunca es perfecta. Ya sea la del monje eremita reconocido o del profesional que cultiva la soledad, sea la de un obispo o un sacristán. En cualquier caso son las oraciones de una persona normal. Algunos han podido ensayar, volverse más sensibles, más profundos, pero en la vida de oración de un hombre siempre está el secreto total del poder de Dios. Por eso, la respuesta a la oración puede esconder nuevos motivos de sufrimiento y ocasiones de crecimiento, confusión y también peripecias sorprendentes.

La madre lo había preparado todo para la huída de Jacob. Ella creía que quizá un día el odio de Esaú se apaciguaría y que todo volvería a ser como antes. Pero ella contó algo totalmente distinto a su marido.

Una vez iniciados en el camino de la mentira, es difícil salirse de él. Así es como decide echarles la culpa a las mujeres heteas, las esposas de Esaú: no soportará y, sin duda, no encontrará las fuerzas para seguir viviendo si Jacob también toma esposa entre ellas.

Luego dijo Rebeca a Isaac: «Fastidio tengo de mi vida a causa de las hijas de Het. Si Jacob toma mujer de entre las hijas de Het, como estas, de entre las hijas de esta tierra, ¿para qué quiero la vida?» (Génesis 27:46). Palabras que podrían encontrarse en cualquier libro o serie televisiva de nuestros días.

El lamento de esta mujer, como una flecha, da en otros blancos secundarios, al punto que yo misma me siento alcanzada. Si mi hijo se casara con la persona equivocada, yo no lo soportaría así como así. Yo también me hartaría.

Su marido parece no haber tenido nada que decir a estas palabras. Quizá fuera como Rebeca decía. Isaac no veía lo que ocurría a su alrededor. Tampoco podía mirar a su mujer a los ojos, lo que habría podido desvelar esas intrigas mentirosas.

La postura de Isaac frente a Jacob me dice algo. No le guardó ningún rencor, ni le hizo reproches ni acusaciones por el engaño que había cometido. Lo hecho, hecho estaba. Había que seguir viviendo con lo sucedido. En sí misma la bendición estaba en vigor, y sobre este fundamento envía a su hijo a casa de su tío Labán.

Puede que Isaac sólo hablara de estas cosas con Dios. Algo a lo que se había acostumbrado a lo largo de sus años de soltería. Como hijo de Abraham, confiaba plenamente en la dirección divina. ¿Acaso no había vivido él mismo aquel momento aterrador cuando subía al Monte Moriah para ser la víctima sobre el altar? Nada le sorprendía ya, aunque su corazón de padre estuviera apesadumbrado a causa de sus dos hijos. Sabía que Dios permite que ocurran cosas raras y que esconde sus propios designios en la debilidad misma del hombre.

En aquella familia escogida por Dios se vivían las mismas emociones que en cualquier familia de hoy. Las diferencias de tiempo y de sociedad no le quitan al hombre su humanidad para reemplazarla por una madurez sin precedentes, ya sea en el plano intelectual o espiritual.

También nosotros, en nuestras familias, vivimos en campos distintos. Tenemos nuestros preferidos. No nos atrevemos a mostrar los sentimientos que anidan bajo la superficie. No hay que entristecer a la madre. Hay que salvar las apariencias, incluso si, en el seno de la familia, hay pleitos manifiestos, intrigas y rencor.

¿Estaba el marido afligido a causa de su mujer? No se nos dice. En cualquier caso, en ningún momento le pedirá cuentas. ¿Era Rebeca intocable en función de su posición?

En la vida de un matrimonio hay momentos en los que no merece la pena hablar. Las palabras sólo harían empeorar la situación y el frágil hilo que unía a los dos corría el riesgo de romperse definitivamente.

En este punto de la historia no puedo evitar sentir pena de Esaú. Aunque valiente, amante del peligro y de la caza, en cuanto a la relación con su familia llega a llorar, a suplicar y a lamentarse. Su desengaño es realmente amargo y le llega hasta la médula de los huesos. La vida no lo ha tratado con justicia y todos sus sentimientos se ven justificados.

La vida nos sorprende, ella da y ella quita. Por un momento es la mala suerte lo que cobra importancia, pero poco a poco empezamos a darnos cuenta de que estas oleadas se ciernen sobre cada persona. Es sólo en nuestros últimos años cuando podemos considerar con serenidad las diversas circunstancias de nuestra vida, y sólo entonces las cosas empiezan a aparecer como realmente son. Es posible que para entender plenamente algunos acontecimientos nos haga falta la eternidad.

Los círculos sólo se cierran a la luz del cielo.

La escritora Anne Fried ha vivido el hecho de avanzar en edad como una bendición, pues «los elementos aislados de la vida comienzan a tener una explicación, los círculos se cierran».

Al oír que su padre había bendecido la marcha de Jacob y lo había enviado a buscar una esposa entre las «mujeres como Dios manda», los sentimientos de Esaú debieron de salir de nuevo a la superficie. Se nos dice que Jacob obedeció a sus padres y se marchó. Por el contrario, Esaú había actuado independientemente tomando por mujer a quien se le antojó, sin tener en cuenta la opinión de sus padres. Y ahora toma una nueva decisión y escoge por esposa a la hija del hijo de Abraham, Ismael.

¿Se trata de una bravuconada o de una expiación, de desencanto o un deseo de venganza? Esaú seguía su propio camino y aquello tenía que pasar.

En Rebeca se juntan numerosas dimensiones de la naturaleza femenina. Era la joven precisa, elegida y decidida, y puede ser que después de Sara se esperara mucho de ella. Al envejecer Rebeca se vuelve una madre autoritaria, cuyo corazón, para acabar, se partirá.

Los primeros decenios de su vida como esposa se vieron ensombrecidos por la vergüenza de la esterilidad. Cuando Dios contestó sus oraciones, para ella fue el comienzo de dolores crecientes. El asombro, la alegría del nacimiento, los sentimientos enfrentados en la familia, la preparación del fraude y después el disimulo, el miedo y la tensión respecto de sus hijos y para concluir el dolor de la separación.

Rebeca murió y puede que también fuera enterrada en la cueva de Macpela, junto a Hebrón. No vivió lo suficiente como para ver a su hijo querido regresar a casa. Se habían pasado veinte años. Ya no fue posible hablar ni explicar nada. Si no llegamos a hablar de las cosas mientras que estamos vivos, la carga recae sobre la siguiente generación. Las cosas corren el peligro de pasar de una generación a otra, a menos que el círculo vicioso se rompa con la ayuda de Dios.

Ojalá pudiéramos pasar más tiempo con Rebeca junto al pozo. Quizá entonces nos hablaría más sobre ella misma y de sus luchas de mujer entre el bien y el mal, de su amor por su hijo y de su fe en Dios.

Rebeca parece desaparecer para irse allí donde ya no podemos alcanzarla. Sin embargo, me ha proporcionado muchos temas de meditación. En ella se ven luchas e intrigas semejantes a las de una mujer de hoy. Sus motivaciones y sus sufrimientos nos parecen bien conocidos. Y a pesar de todo, ella fue la elegida, la que hacía falta. Y lo mismo sucede también con nosotras.

Nosotras también hemos sido escogidas para algo importante, que, sin embargo, no llegamos a vivir en forma perfecta.

Dios no estaba atado ni por el temperamento ni por los errores de Rebeca, pues su plan soberano se cumple a pesar de ellos. Él utiliza al ser humano, incluso su debilidad, para sus propios designios. Es capaz de transformar la maldición en bendición.

Sin embargo, para mí, el final de Rebeca no es tan deprimente. Es por el contrario particularmente significativo y elocuente, lleno de valentía, de grandes sentimientos y de dramas, como lo es la vida humana misma en lo que tiene de más auténtico. Al considerar los errores de Rebeca, me atrevo a mirar los que yo misma he cometido. La injusticia puede a pesar de todo transformarse en bendición. No siempre es así como yo lo percibo en mi propia existencia, en el fragor de la acción, sino más tarde, al retroceder, cuando empiece a tener las explicaciones y vislumbre la certeza de haber sido guiada.

Capítulo 5
Raquel

Una mujer que necesitaba mandrágoras

Con la risa de Sara que todavía resuena en mis oídos y disipados los pasos de Rebeca, me doy cuenta de que Raquel se está acercando al pozo.

El corazón me late con fuerza, pues esta mujer joven trajo hijos al mundo, pero no pudo criarlos. Se murió de parto, la primera que se menciona en la historia. El capítulo veintiocho de Génesis me enseñará más cosas sobre ella.

Jacob, que había obtenido la primogenitura por medio de la astucia, se dio a la fuga dirigiéndose a casa de su tío Labán. Algo extraordinario se produjo en el transcurso de su viaje que le llevó a reconocer el señorío de Dios. Antes de conocer a Raquel, su Dios saldría a su encuentro, de manera prodigiosa, en un sueño.

Jacob llega al pozo en el que su madre encontró a un hombre orando, al que sació la sed, abrevando también a sus camellos. Junto a este pozo Jacob oye las siguientes palabras de la boca del Señor: «*He aquí, yo estoy contigo, y te guardaré dondequiera que fueres y volveré a traerte a esta tierra, porque no te dejaré hasta que haya hecho lo que te he dicho*» (Génesis 28:15).

Jacob es consciente de la santidad de este encuentro. Sabe con quién ha tratado y da al lugar el nombre de Betel (casa de Dios). ¿Se debe a este encuentro que necesitara recibir la bendición del primogénito? ¿Había traspasado la mirada de Dios la oscuridad del seno materno y el mundo espiritual del feto en formación?

El encuentro de Jacob y Raquel fue una rara «casualidad». De nuevo estamos junto al pozo. ¿Por qué esta jovencita cuidaba de los rebaños? Era un trabajo peligroso que requería valor. ¿Era Raquel por tanto particularmente valiente y vigilante, como para que se le haya confiado el rebaño de carneros de su padre?

Al conocer a su encantadora prima, Jacob, emocionado, rompe a llorar y la besa en seguida. El alma y el cuerpo, cansados del viaje, se relajan, y se siente como en el cielo. ¿O nace el amor en aquel mismo instante? Se dice que Raquel era hermosa de cuerpo y de cara, lo que no era el caso de su hermana Lea, «de ojos delicados».

Cuando dos hermanos o hermanas son muy diferentes el uno del otro en el seno de la familia prevalece un espíritu de comparación y de competencia. La primera en ser presentada a las visitas es la más sociable y la más bonita. Se alaban en voz alta los talentos de la más dotada. Hasta los mismos padres tienen la impresión de recibir puntos buenos o malos por sus hijos. El aspecto exterior de una mujer era y sigue siendo una ventaja, aunque incluso la belleza esté en la mirada del otro. *Así sirvió Jacob siete años por Raquel; y le parecieron como pocos días, porque la amaba* (Génesis 29:20). Cuando uno ama, no percibe el tiempo como los demás. Cuando uno ama, las cosas avanzan, los obstáculos parecen no tener importancia y la meta está más cerca día a día. Es más que probable que Jacob viera a Raquel cada día y que intercambiaran miradas y puede que incluso, secretamente, notitas acarameladas.

El amor es comprensivo y paciente, todo lo cree y todo lo espera. Es más fuerte que la misma muerte, al menos durante el intenso tiempo del enamoramiento.

Cuando por fin llega la noche de bodas y que los años de espera se ven recompensados, la naturaleza del padre de la novia se deja ver. Un novio apenas podría imaginar una situación peor. Para Jacob esto supondrá una etapa suplementaria de su formación en la dura escuela de la vida. Para empezar, él mismo había engañado a su hermano, viéndose obligado a huir. Durante el viaje había conocido a su Dios y, para finalizar, durante años había trabajado duro para obtener una esposa. Cuando por fin la consumación del amor va a hacerse realidad, una nueva sorpresa le espera en el lecho matrimonial, una mujer que él no quería.

El lector también siente pena por cualquiera que se vea atrapado en una situación tal. Más tarde las dos hijas describirán con más precisión cómo era su padre: «*¿No nos tiene ya como por extrañas, pues que nos vendió y hasta se ha comido del todo nuestro precio?*» (Génesis 31:15).

Cuando Labán explica lo ocurrido, no nos queda más remedio que compadecernos de Lea. ¿Era aquella la única manera que tenía de poder casar a su hija de ojos delicados (traducción antigua: de ojos turbios) para que tuviera una situación de seguridad? ¿Eran los ojos delicados sólo una característica física o quizá influían en toda su personalidad y se reflejaban en todo su carácter? La astucia basada en el derecho de primogenitura tendrá como consecuencia la competencia entre las dos hermanas que durará años. En aquella época se guardaban las tradiciones sin tener en cuenta los sentimientos. La ventaja que se podía sacar del otro prevalecía sobre la palabra dada. ¡Qué padre! ¡Pero en su época su comportamiento no sorprendió a nadie!

Jacob consiente en pasar la semana de bodas entera con Lea y promete servir a Labán por otro periodo de siete años para que su muy amada Raquel le sea entregada al finalizar esa semana. Lea ya tiene marido, pero se verá de nuevo relegada al segundo lugar, situación a la que posiblemente haya estado acostumbrada desde la infancia.

Vio Jehová que Lea era menospreciada, y le dio hijos; pero Raquel era estéril (Génesis 29:31). La suerte de una mujer desdeñada siempre es amarga, y su único recurso es tratar de merecer la consideración de una forma u otra. Al parir un hijo Lea recibe el reconocimiento que deseaba de la comunidad, aunque, sin embargo, no el amor de su marido.

Los nombres que Lea pone a sus hijos reflejan las esperanzas y los sentimientos más profundos de su corazón. El nombre de Rubén hace pensar en Dios, *«que ha mirado mi aflicción»*. *«Ahora, por tanto, me amará mi marido»*, espera ella en secreto. El segundo se llamará Simeón, *«él me ha oído»*. Al dar a luz a su tercer hijo, Leví, dirá: *«Ahora esta vez se unirá mi marido conmigo, porque le he dado a luz tres hijos»* (Génesis 29:34).

¿Vive Lea a través de sus hijos? El hecho de haber parido hijos aumenta su valía. El Señor se ocupa de ella dándole hijos, pero, sin embargo, su expectativa de ver que su marido la ame no se hará realidad. Aunque Lea haya orado que el corazón de su marido se vuelva por fin hacia ella, este permanecerá frío. Es padre, pero no amante esposo.

En el momento de nacer su cuarto hijo, Judá, un cambio debió de producirse en ella. Puede que se resignara a su suerte, o que los desengaños la hicieran crecer de modo que reconociera el valor de su propia vida. Las palabras: *«Esta vez alabaré a Jehová»* nos dicen que su alma de madre está tranquila. Después de esto Lea no dará a luz por un tiempo. Ahora tendrá tiempo para otra cosa.

Si la hermana mayor vivía una lucha en cuanto a los sentimientos, lo mismo pasaba con la pequeña, a su manera. Aunque como esposa Raquel fuera amada, su corazón ya no soportaba la vergüenza de la esterilidad. *«Dame hijos, o si no, me muero»*, fue el grito de socorro que hizo a Jacob. ¡Yo no puedo llevar esta situación sola, hace falta que tú hagas algo! ¿Esperaba ella más conversación y compartir más los sentimientos, más efusiones amorosas, o bien que buscara la ayuda de plantas medicinales o la oración? Su paciencia estaba al límite.

Yo misma he pronunciado las mismas palabras en momentos críticos de mi vida: ya no tengo fuerzas para vivir, me muero, qué me aporta la vida. Uno está sin fuerzas, la etapa que sigue pudiera ser la muerte –en cualquier caso la muerte de los sentimientos–. La madre de Jacob, Rebeca, había usado casi las mismas palabras en un momento crítico de su vida cuando en su día preparaba a su hijo para que emprendiera la huída.

Se nos dice que, ante la llamada de socorro de Raquel, Jacob se enojó con la mujer que amaba. El tono de sus palabras era distinto del que tuvo en su día cuando se conocieron, junto al pozo. Se les había demandado mucho a ambos; el amor había sido una carga que soportar, y no había sido posible encontrar una solución. Por su parte, había sin duda sufrido tanto como Raquel. Es posible que él también haya tenido sus propias luchas a lo largo del tiempo. El infortunio de su mujer podía parecerle reivindicativo y una pérdida de tiempo.

El amor deja al desnudo al ser humano. Desvela nuestra verdad, pues quiere llegar más hondo. El amor no rehúye las dificultades, aunque nosotros, seres humanos, lo hagamos. El amor en sí mismo, soporta más cosas que cualquiera de las partes presentes, las cuales necesitan tiempo, fe y milagro, como el que se produjo en las bodas de Caná.

Para resolver este doloroso problema, en su desgracia, Raquel ofrece a Jacob su esclava Bilha, como había hecho su abuela Sara en su desesperación. Como si Dios pudiera responder a las oraciones por una vía alternativa. *Dijo entonces Raquel: «Me juzgó Dios, y también oyó mi voz, y me dio un hijo». Por tanto, su nombre será Dan* (Génesis 30:6). Los nombres de los chicos hablan, no de la madre biológica, Bilha, sino del corazón de Raquel. Dan significa «él ha resuelto el asunto», «él ha hecho justicia». El nombre de Neftalí evoca la noción de lucha.

En la familia de Jacob el nacimiento de los hijos era como un juego rompecabezas. Cuando Lea se da cuenta que la esclava de Raquel ya no da más hijos, ella ofrece su propia esclava para que tenga hijos. Vienen al mundo Gad y Aser, y sus nombres hablan de felicidad. En la cultura de aquel tiempo las esclavas sólo servían para parir y no tenían ningún derecho. No era necesario tener en cuenta sus sentimientos o sus esperanzas.

Los productos naturales eran las únicas medicinas para las mujeres de los tiempos bíblicos, como lo eran para nuestras propias abuelas. Se sabía que las mandrágoras favorecían la fecundidad, y Rubén, el hijo de Lea, las encontró en el campo. Raquel deseó ardientemente conseguir las frutas y a cambio prometió permitir que Jacob se acostara con Lea. *Cuando, pues, Jacob volvía del campo a la tarde, salió Lea a él y le dijo: «Llégate a mí, porque a la verdad te he alquilado por las mandrágoras de mi hijo». Y durmió con ella aquella noche* (Génesis 30:16).

Podemos pensar que el hijo se había dado cuenta de la tensión entre Raquel y Lea. Ellas competían por el padre común. Desde el punto de vista del lector, Jacob aparece como el medio de satisfacer las exigencias de las dos mujeres. Lea da así a luz a un quinto hijo, Isacar, cuyo nombre significa «salario». Tras el nacimiento del sexto, Zabulón, Lea cree que Jacob se quedará con ella. Y Dina, su hija, es la última de los hijos de Lea y Jacob.

Al mismo tiempo, el relato nos dice que Dios también había oído las insistentes oraciones de Raquel. ¿Por qué tan tarde, y por qué después de tantos años de sufrimiento? Por fin el milagro de la fecundación se produjo en su seno, Raquel se queda embarazada y da a luz un hijo, a quien se le da el nombre de José. Sin duda la alegría no tiene límites en la tienda de Jacob. Se asombran del milagro y el niño compensará los largos años de sufrimiento de su madre. Las lágrimas de tristezas se cambian en lágrimas de alegría, y Raquel puede por fin reconocer abiertamente la vergüenza vivida de la que por fin fue liberada por el Señor.

Tras el parto, ella olvida en un instante las penas de todos aquellos años. Por su simple existencia el tan deseado recién nacido cicatriza y cura las heridas.

Sólo Dios conoce los sentimientos de Jacob cuando toma en sus brazos el hijo que su amada ha traído al mundo. ¿Quizá lo más importante para él sea estar seguro de que la promesa dada a su abuelo se cumplirá? Curiosamente, el nombre del muchacho hace referencia al porvenir. En el nombre de José se encuentran los significados de «quitar» y de «aumentar». Y eso es lo que se cumplirá más tarde. Él será quitado de manera que, en el día de necesidad, tenga de qué dar, tanto a su familia como a un pueblo entero.

Su esposa y el amor hicieron que Jacob no se fuera. Sólo después de que naciera José estaría dispuesto a marcharse de casa de Labán para volver a su país, a su casa. A pesar de las tentadoras ofertas de Labán, Jacob se da cuenta de que, después de haber estado veinte años al servicio de otro, ahora desea trabajar por el bienestar de su propia familia. Es tiempo de romper las ataduras de dependencia y de tomar el control de su propia vida persiguiendo así el cumplimiento de la promesa hecha a sus padres.

La familia delibera, y Lea y Raquel también están listas para una nueva etapa de sus vidas. Están hartas de Labán, por muy padre suyo que sea. *«Ahora, pues, haz todo lo que Dios te ha dicho»*, dicen las dos esposas al unísono. Confiando en el Señor, el grupo se pone en marcha, bajo la cubierta de un engaño.

Sería un error tomar a Raquel por un ángel. Ella también era capaz de engañar. Al momento de partir, se lleva a escondidas los ídolos de su padre. No se nos dice por qué ella actúa así. ¿Era Jacob el único que ponía su confianza en el Dios vivo? ¿Hay lugar en la fe de Raquel después de todo lo vivido, para imágenes de dioses falsos? Dado que la vida es incierta, quizá sea bueno tener otros dioses de reserva, además del Señor. Sin embargo, aquello atrae la atención de Labán y se lanza en persecución del grupo de Jacob para revisar su equipaje.

A Raquel se le ocurre recurrir a su indisposición[3] para permanecer sentada en su camello con los ídolos robados bajo su silla. Lo que sigue es toda una querella. Los sentimientos pisoteados durante años salen a la superficie. *«Así he estado veinte años en tu casa: catorce años te serví por tus dos hijas y seis años por tu ganado, y has cambiado mi salario diez veces»* (Génesis 31:41). Jacob habla sin rodeos a Labán de todas las penalidades soportadas a lo largo de los años. La injusticia no ha sido olvidada.

Es tiempo de saldar cuentas definitivamente. Se cierra un acuerdo y, en recuerdo, se erige una estela de piedra. El viaje puede continuar.

La fe en Dios y las limitaciones humanas caminan juntas, lado a lado. También el lector, en su propia vida, estará confuso a veces y llegará hasta el límite. De vez en cuando hay que atreverse a clarificar las relaciones y los sentimientos. Resulta más difícil con los más cercanos, especialmente cuando se ha tenido la costumbre de tapar todas las circunstancias difíciles y de negar todos los malos sentimientos.

Con el viaje de las mujeres y los niños comienza una etapa interesante. Tras veinte años de separación Jacob se prepara para reencontrarse con su hermano. ¿Qué puede saber Raquel de los pensamientos de su marido? ¿Acaso en el transcurso de los años han hablado de las profundas experiencias de juventud de su marido? Jacob no sabe nada de cuáles puedan ser los sentimientos y las intenciones de aquel hermano al que él engañó. Todavía teme por su vida; igualmente se abastece de regalos, y como medida de seguridad divide su tropa en dos. Sólo queda permanecer en la voluntad de Dios confiando en sus promesas. No hay mayor seguridad.

Jacob tiene que vivir esa batalla. Tiene que hacerlo solo, como también es el caso para el hombre de hoy. Las mujeres, los niños y la hacienda pasan a la otra orilla del Jaboc y Jacob se queda solo. Se ve enzarzado en una pelea que se asemeja a la lucha interior de todo ser humano en nuestro propio milenio.

Antes de alcanzar una solución definitiva tiene que buscar la verdad y conocer su verdadero valor. No dejará partir a su adversario sin antes recibir de él la bendición. *«No te dejaré, si no me bendices»*, esto es lo que han dicho muchos hombres durante sus luchas nocturnas. Lo que todo esto significaba en su corazón ha quedado en secreto entre él y Dios. Nadie más puede saberlo, ni siquiera Raquel. Por alguna razón Jacob sabe con quién ha peleado. Encontró la Verdad y la Misericordia y por eso conservó la vida. Como señal cojeará de la cadera hasta el final de sus días, información que será transmitida de generación en generación, pues nosotros también lo leemos en la Biblia.

---

3. Se refiere a la menstruación (N.T.).

Sólo ahora Jacob está preparado para volver a encontrarse con su hermano. Se le acerca arrodillándose en tierra. Las esclavas y el séquito de Lea van detrás de él, y al final, protegidos por los otros, Raquel, su muy querida esposa, y su hijo José. El reencuentro de los dos hermanos concluye con abrazos y el perdón. Los años habían hecho su labor de restauración. Bastó que cada uno viera al otro como su hermano. No hay necesidad de regalos ni de gestos de apaciguamiento, el pasado está resuelto.

Raquel conoce al anciano Isaac, pero todavía no puede instalarse. Embarazada de su segundo hijo, todavía tiene por delante el viaje hasta Betel. Será un parto difícil, y con las fuerzas que le quedan, dará a su hijo el nombre de Benoni, que su padre cambiará por Benjamín.

Nos parece que la vida de Raquel se acaba demasiado pronto, en todo caso en un mal momento. Justo cuando la situación comienza a arreglarse y que su corazón de mujer puede regocijarse por el cumplimiento de sus sueños, se diría que Dios le da la espalda y olvida lo que el ser humano es capaz de soportar. ¿Tenía en verdad sentido la lucha entre fe e incredulidad? ¿Era la suerte de Raquel ser toda su vida un juguete de su destino? ¿Cómo puede un Dios de amor permitir que sucedan tales cosas? ¿Es su dirección un tormento azaroso? Todavía hoy las mujeres se plantean las mismas preguntas.

La vida sigue a pesar de esta terrible pérdida. Un porvenir extraordinario esperaba al cónyuge y a sus hijos. El nombre de Raquel no ha sido olvidado, todavía conserva su significado hoy. Junto al camino que lleva a Efrata le levantan una sepultura que actualmente se encuentra entre Israel y los territorios palestinos. Las mujeres judías sin hijos todavía pueden ir allí a orar. El mensaje de la Biblia y la vida de nuestro tiempo convergen.

En las páginas de la Biblia podemos seguir los pasos de Raquel desde su juventud hasta el día de su muerte. En el recorrido, la alegría de enamorarse, el desengaño, la vergüenza de ser estéril, el cumplimiento y la resignación forman un fresco lleno de color. Raquel, la elegida, no tiene el beneficio de un atajo hacia la felicidad, y por eso puede caminar al lado de la mujer de hoy.

Todavía hoy hacen falta mandrágoras.

Capítulo 6
La mujer de Potifar

Si no consigo lo que quiero, me vengo

A veces en el pozo hay aglomeraciones.

Con algunas, se puede charlar más tiempo y la historia de sus vidas nos llama la atención y nos invita a escuchar. Con otras, sólo se cruzan algunas palabras. La mujer de Potifar es una de éstas. Su historia es interesante y triste, pero desgraciadamente muy familiar. La encontramos en el capítulo treinta y nueve de Génesis. En él se describe con una cuantas frases cómo es esta mujer.

¿Cómo será una persona acostumbrada a tener lo que quiere en todas las circunstancias, ya se trate de dinero, de cosas, de fama o de amor? ¿Qué hará cuando no consiga lo que quiere? Como mínimo sabrá vengarse.

La mujer de Potifar, cuyo nombre ni se menciona, es una de esas mujeres. Esposa mimada y frustrada de un hombre de éxito, es una mujer que vive desde todo punto de vista en la abundancia, pero a la que le falta amor.

¿Depende ella de su marido, bajo sus condiciones, era inmadura o acaso sencillamente estaba cegada por su ansia de poder?

José había sido llevado a Egipto por unos ismaelitas que lo compraron a sus hermanos por el precio de veinte siclos de plata. Un miembro de la corte de faraón, jefe de la guardia, se fijó en este joven de buen parecer entre los esclavos y lo compró para su casa. El joven tenía éxito en todo cuanto emprendía y alcanzó el favor de su dueño, tanto y tan bien que se le confió la carga de toda la casa. Así su amo podía salir en viaje de negocios y participar en las reuniones importantes con total tranquilidad. *Jehová bendijo la casa del egipcio a causa de José, y la bendición de Jehová estaba sobre todo lo que tenía, tanto en casa como en el campo. Y dejó todo lo que tenía en mano de José, y con él no se preocupaba de cosa alguna, sino del pan que comía* (Génesis 39:5-6).

José no era un joven cualquiera. Se nos dice que era de hermoso semblante y buena presencia. Una mezcla así no puede dejar de llamar la atención. La mujer de Potifar, seguramente mayor que él, puso sus ojos en este joven sobresaliente que trabajaba en su casa. Sin rodeos, le hizo una sugerencia, o incluso le dio una orden directa: *«Duerme conmigo»*.

La que daba esta orden estaba acostumbrada a mandar y obtener lo que quería, y ahora, su deseo era poseer para sí un joven que no tenía ni posición social ni ningún derecho.

El jefe de José, el mismo Potifar, le había concedido plenos poderes, excepto su mujer. Por eso José era merecedor de la confianza de su amo e incluso más. No quería ofender al Señor. Su situación era delicada y peligrosa. *Pero él no quiso, y dijo a la mujer de su amo: «He aquí que mi señor no se preocupa conmigo de lo que hay en casa, y ha puesto en mi mano todo lo que tiene. No hay otro mayor que yo en esta casa, y ninguna cosa me ha reservado sino a ti, por cuanto tú eres su mujer. ¿Cómo, pues, haría yo este gran mal, y pecaría contra Dios?* (Génesis 39:8-9).

José no minimiza el adulterio, al contrario, dice que es un pecado contra el mismo Dios. La perfección de carácter y la firmeza moral del joven son tales que no podían sin duda más que atizar el deseo de la esposa de Potifar.

Fuera como fuese, día tras día ella intentaba seducirlo. Podemos imaginar los medios que poseía en este ambiente de lujo. José era puesto a prueba en su virilidad, pero se enfrentaba a la tentación con un rechazo formal, recurriendo a Dios. Cada rechazo lo acercaba más a la victoria final.

Un día la situación da un giro diferente. Será posible cometer el pecado sin que nadie lo vea. No habrá testigos. *Aconteció que entró él un día en casa a hacer su oficio, y no había nadie de los de casa allí. Y ella lo asió por la ropa, diciendo: «Duerme conmigo». Entonces él, dejó su ropa en las manos de ella, huyó y salió.*

Ahora la mujer tiene una prueba en sus manos, aun a los ojos de sus criados. El amor despechado se convierte en deseos de venganza, la atracción en mentira. Cuando su esposo vuelve a casa, ella se queja de nuevo: *«El siervo hebreo que nos trajiste, vino a mí para deshonrarme. Y cuando yo alcé mi voz y grité, él dejó su ropa junto a mí y huyó fuera»* (Génesis 39:17-18). Insiste en tratar al joven de esclavo hebreo, cuya llegada a la casa ya era de por sí degradante. Quien ha conocido la derrota responde con todos los medios de los que dispone.

Potifar experimenta aparentemente un sentimiento real de culpabilidad: comienza a tener mala conciencia y sin más averiguaciones dicta sentencia. Quizá por un momento conceda a su mujer la atención exclusiva que ella tan ardientemente desea.

José se ve en prisión a causa de la venganza de una mujer herida. Dios estará con él, pero ¿qué pasa con el matrimonio Potifar? No se nos dice más, pero teniendo en cuenta la dinámica y las reglas de funcionamiento de la pareja podemos hacer diferentes conjeturas. O se guardó silencio sobre el asunto, visto como un suceso que vino a traer un poco de estímulo a la monotonía de lo cotidiano, o quizá obligó a los cónyuges a aclarar su relación de manera más honesta que antes. ¿Verá la mujer de Potifar alguna vez su sueño nocturno perturbado viendo al joven en la cárcel? ¿Le habrá enseñado algo lo sucedido?

La mujer de Potifar no es la última mujer que se entrega a la clásica venganza de una mujer despechada y herida. Hoy también las hay. En la casa vacía de un hombre activo, que ha triunfado, puede hallarse una mujer sola, que busca dar contenido a su vida. Hambrienta de contactos humanos, de intimidad, trata de colmar su vida con el dinero. En las casas de hoy cuyos jóvenes cabezas de familia se dedican a su trabajo durante incontables horas también hay «mujeres de Potifar». Los retos laborales, los ascensos en su carrera y las exigencias internas de la sociedad separan al hombre de su familia, de su mujer y de sus hijos. Además, cuando vuelve a casa, tiene que enfrentarse al abatimiento y a las expectativas de su esposa. Esto no es tan gratificante como ir al trabajo, y por este hecho puede tener la tendencia a evitar esta clase de situaciones.

La gente se van a vivir juntos, pero solos –esto se convierte en un estilo de vida–. Cada uno tiene sus propias actividades por su lado y sus amigos con los que hablar. No tienen en común más que los niños y las cosas que poseen y ya no comparten su mundo interior.

La mujer desengañada puede encerrarse en su propio mundo o bien buscar satisfacer sus necesidades en otra parte. Puede también ser cruel si no llega a obtener lo que quiere. Tiene medios de acción numerosos y secretos. Puede usar su sexualidad para bien y para mal, en una medida más o menos grande. El malestar interior y la insatisfacción nos conducen aún hoy a cometer disparates.

Si nuestras necesidades personales no se ven satisfechas la repercusión puede superar nuestro propio medio. La búsqueda de un culpable y la venganza, pensamos, puede darnos la solución. Con todo, el resultado será que nuestro propio crecimiento se verá interrumpido y que habremos de pagar un alto precio por haber ahogado nuestros sentimientos. Tu eres lo que eres en secreto, decía Dwight L. Moody en su día.

Una mujer puede destruir a un hombre, y un hombre a una mujer, a menos que en su vida haya algo más fuerte.

Si el amor es más fuerte que la muerte ¿qué quiere decir esto en nuestras relaciones humanas hoy? La fidelidad, el hecho que se pueda contar con nosotros, el valor de expresar nuestros sentimientos y nuestras necesidades. El hecho de admitir nuestra inmadurez, y de ser indulgente con las debilidades ajenas. Luchar por la verdad y la libertad interior. Porque el amor no es sólo un sentimiento, dura aún cuando los sentimientos se han extinguido y hay que volver a empezar totalmente desde cero.

La enfermedad del poder y sus consecuencias

En el pozo es posible que me encuentre con dos Miriam diferentes: la de antes de la prueba enviada por Dios y la de después. Su curso es muy particular y no es referido en el Éxodo a partir del capítulo dos, donde se nos presenta a una chiquilla valiente. Más adelante, en el capítulo doce de Números, aparecerá una valiente lideresa.

El caso de Miriam es un buen ejemplo de lo que es la enfermedad del poder. Pienso que la mayoría de nosotros hemos vivido esa clase de situaciones en las que alguien se arroga una posición por encima de sus capacidades. Puede tratarse de un compañero de trabajo que llega alardeando todos los días, ocupa todo el espacio y empuja a los demás hasta la pared para empequeñecerlos frente a él. Yo también puedo llegar a ser así.

Una situación como esta envenena las relaciones del lugar de trabajo, lleva a la formación de clanes, y hace que algunos se callen o bien produce tensiones en la comunicación. ¿De dónde viene el que uno de nosotros se permita ocupar un lugar por encima de sus competencias? ¿De dónde nace ese deseo de tener siempre razón, de tener la última palabra, de corregir las propuestas de otros, de destrozarlas con una simple mirada o con un corte? ¿Qué queremos proteger en nosotros mismos, de verdad? ¿Tememos ser humillados si no llegamos a asestar el primer golpe? ¿Queremos preservar el niño pequeño que llevamos dentro, que sólo se siente aceptado cuando lleva la careta del que tiene razón y del que lo sabe todo? ¿Vivimos prisioneros de una imagen falsa de nosotros mismos que nadie ha cuestionado jamás? Saber la verdadera razón no es siempre posible. Con todo merece la pena saber que una persona enferma de poder no se limita a lo que se ve por fuera. Todo tiene una explicación, sorprendente a veces, a condición de que lleguemos hasta la verdad.

Por culpa de su enfermedad de poder, Miriam, la hermana mayor de Moisés, tuvo que someterse a una ardua puesta a punto. Su nombre sugiere «la amargura», y «los celos». La raíz del nombre «María» es también la misma, por otro lado. Sus manifestaciones son ambiguas y dolorosas, pero muy humanas.

Miriam pertenecía a una familia prestigiosa, de la que era la mayor. Creció junto a dos personajes importantes del pueblo de Israel. La Biblia no nos dice que tuviera marido, ni hijos. Aparentemente sus aspiraciones no estaban ligadas a la maternidad, tenían que ver con el pueblo entero –su misión no era doméstica sino patriótica–. Se la puede considerar una precursora de Florence Nightingale, Aurora Karamzine, Mathilda Wrede[4] y otras, procedentes de familias nobles, que se sacrificaron por una causa.

Es fácil figurarse a Miriam siendo una chiquilla de diez años, inteligente y habilidosa que vigilaba a su hermano recién nacido, mecido en su canastillo de juncos en medio de los carrizos de la orilla. Ella quería a este hermano, y el hecho de matar a los recién nacidos varones debía parecerle atroz e incomprensible. En aquellos tiempos, el llanto y los lamentos se dejaban oír en cada hogar hebreo.

Para entender la situación, tenemos que examinar el asunto desde más cerca, comenzando en el inicio del libro del Éxodo. Los hijos de Jacob llegaron a Egipto invitados por su hermano José, y la tribu se había incrementado considerablemente. Un nuevo rey, que no había conocido a José de nada, accedió al trono y se mostró duro contra los hebreos. Para concluir, con el fin de evitar que este pueblo se multiplicara, el rey dio la orden de matar a los recién nacidos varones. Solo las niñas tenían el derecho de quedar con vida.

Moisés era un niño hermoso, y su madre, temerosa, escondió al niño cerca de tres meses. Pero para terminar, había que encontrar un medio. *Pero no pudiendo ocultarlo más tiempo, tomó una arquilla de juncos, la calafateó con asfalto y brea, colocó en ella al niño y lo puso en un carrizal a la orilla del río. Y una hermana suya se puso a lo lejos para ver lo que le acontecería* (Éxodo 2:3-4).

La hermana vio la canasta de juncos llegar a la playa de la casa del rey, cuando la hija de este hacía sus abluciones. Cuando abrió el canasto, encontró en él a un niño que lloraba, y la hija del faraón adivinó de inmediato que se trataba de un muchachito hebreo. Sorprende que no haya dado orden de matarlo, siguiendo el decreto de su padre.

Miriam se acercó atrevidamente y prometió buscar una nodriza para el niño entre los hebreos, y la hija del faraón se comprometió a pagar a la nodriza sin saber quién era en realidad. ¡La madre de Moisés, que acababa

---

4. **Florence Nightingale** (1820-1910) británica, pionera de los cuidados de enfermería modernos y del uso de las estadísticas en el campo de la salud. **Aurora Karamzine** (1808-1902) finlandesa, pionera del trabajo social y de la diaconía en Finlandia. **Mathilda Wrede** (1864-1928), evangelista finlandesa, pionera en la rehabilitación de los presos (Nota de la traductora al francés).

de dar a luz, tuvo, pues, la posibilidad de alimentar a su hijo, condenado a muerte! La alegría en la casa tuvo que ser a la vez grande y secreta.

Miriam supo guardar el secreto cuando, al llegar el tiempo convenido según el acuerdo concluido, acompañó a su madre a devolver el niño a la hija de faraón.

¿Cuáles podían ser sus sentimientos cuando de mayor ella miraba al héroe de su hermano, a quien ella había salvado de un horrible destino? Es muy posible que mostrase una actitud protectora y la autoridad de una hermana mayor.

Vale la pena señalar que de hecho las personas importantes en la vida de Moisés fueron mujeres: su madre, su hermana, la hija de faraón y su esposa. Todas ellas actuaron con valentía y asumieron riesgos, cada una a su modo, en las distintas etapas de sus vidas.

A veces, en determinadas circunstancias, la influencia de una mujer será determinante en casi todo, para bien o para mal, en la dicha o en la desdicha.

Al principio se menciona a Miriam como la hermana de Moisés y su nombre sólo aparece cuando se la llama profetisa. Fue una mujer del Medio Oriente, de tez oscura, que lideraba a las mujeres y dirigía la alabanza. Sólo Dios podía levantar a un profeta y capacitarlo para alabar su voluntad y sus objetivos. Miriam era una de estas mujeres escogidas.

Cuando, dirigidos por Moisés, dos millones de personas salen de Egipto en dirección a la tierra prometida, Miriam iba a la cabeza del grupo. La veo tirar de las mujeres y entusiasmar a los demás con su ejemplo, sin temor y llena de seguridad. Quizá estaba demasiado segura de sí misma, viéndose como alguien que siempre tiene razón, como una mujer de Dios casi perfecta.

Es a la orilla del Mar Rojo donde se cantó el primer himno nacional del mundo, bajo la dirección de Moisés. Se cuenta que Miriam tomó un pandero y entonó un canto acerca de la fidelidad y el poder de Dios. Fue la primera poetisa de la Biblia y arrastró a las mujeres a danzar tocando el pandero.

Y María, la profetisa, hermana de Aarón, tomó un pandero en su mano, y todas las mujeres salieron en pos de ella con panderos y danzas. Y María les respondía: «Cantad a Jehová, porque en extremo ha triunfado gloriosamente; ha echado en el mar al caballo y al jinete» (Éxodo 15:20-21).

¡Qué espectáculo y qué alegría entre las mujeres! Miriam sabía que para un grupo es más fácil avanzar si lo hace con un mismo paso y al ritmo de un canto. La que les guiaba era una mujer que había superado la edad madura; en efecto, antes del dramático paso del Mar Rojo, ella había vivido cuarenta años en Egipto, y cuarenta años en el país de Madián. La «edad madura» era en realidad un concepto relativo, pues en aquel tiempo era normal vivir hasta una edad muy avanzada.

La Biblia es un fiel reflejo de la verdad en lo concerniente a las relaciones humanas. A menudo la belleza y los defectos sólo aparecen tras el encanto de la juventud, superada ya la edad madura, para sorpresa tanto de la persona implicada como de los demás. De hecho, puede suceder que se ponga al descubierto una alma inmadura allí donde creíamos encontrar nobleza.

El carácter y el estado espiritual de Miriam se descubren en el momento de su enfrentamiento con su hermano Moisés. Miriam y Aarón estaban unidos, ¿acaso no habían envejecido juntos durante cerca de ochenta años mientras Moisés estaba ausente? En esto, Miriam se levanta para oponerse a la elección de esposa de Moisés. Según su opinión, una etíope de piel oscura, una «extranjera», no era la adecuada. La intromisión de Miriam en la elección de la vida privada de su hermano sólo era un pretexto para cuestionar la posición dominante de éste.

Es poco probable que Miriam, ya anciana, tuviera envidia de la juventud: en última instancia, la causa de sus celos y de su firme certeza de estar en lo cierto es más bien un agudo patriotismo.

George Elliot dijo: «Lo doloroso de la envidia es que hace que no lleguemos nunca a perder de vista aquello que nos hace sufrir».

Pero la mayor falta de Miriam es, con todo, la manera sarcástica de tratar la posición de responsabilidad de Moisés. *María y Aarón hablaron contra Moisés a causa de la mujer cusita que había tomado, porque él había tomado mujer cusita. Y dijeron: «¿Solamente por Moisés ha hablado Jehová? ¿No ha hablado también por nosotros?»* (Números 12:1-2).

El Señor toma aparte a Aarón y a Miriam y les dice con claridad que si Moisés tiene una posición especial, se debe a su humildad. *«Boca a boca hablaré con él, y claramente, y no por figuras; y verá la apariencia de Jehová. ¿Por qué, pues, no tuvisteis temor de hablar contra mi siervo Moisés?»*.

Sólo Dios ve el corazón. Las profundidades del alma nos están veladas incluso en el caso de quienes nos resultan más cercanos, y ni siquiera vemos lo que es más secreto dentro de nosotros mismos. En la historia de Miriam, quizá Dios quiere decirnos que lo que otra persona elige es su propio error, y no algo a exponer en la plaza pública. Cada uno responderá de sus actos delante de Dios, no ante nosotros. No somos llamados a ser jueces los unos de los otros.

El error de Miriam es grande, porque al quebrantar la autoridad que Moisés había recibido del Señor, ella está minando también la unidad y la esperanza del pueblo. Dios juzga, pues, oportuno sancionarla durante siete días con un castigo eficaz. Se le diagnostica la terrible enfermedad de la lepra, lo que entonces era tan vergonzoso como si su padre le hubiera escupido a la cara. La que lideraba públicamente es humillada en público, mientras que Dios bien hubiera podido hablarle en privado.

Hacía poco, todos marchaban juntos cantando cánticos de alegría, ahora todos vuelven la cara con repugnancia y miedo. ¿No habría sido posible resolver esta difícil situación de otro modo? ¿No podía Dios haber usado medios más humanos y suaves para hacer madurar a Miriam, para que comprendiera el lugar y la posición que le habían sido asignados? *Así María fue echada del campamento por siete días, y el pueblo no pasó* adelante hasta *que se reunió María con ellos* (Números 12:15). El pueblo entero se para y espera siete días. Entre las mujeres, que Miriam lideraba y de las cuales era modelo, tuvo que haber una cierta tensión. ¿Cómo era posible que fuera ella la que se encontrara así marginada y avergonzada? ¿Ella que era profetisa, incluso, una mujer tan valerosa y tan bella, tan fuerte y tan decidida? Ella no era una cualquiera en medio de aquel pueblo.

Nosotros también nos planteamos con frecuencia las mismas preguntas. ¿Cómo es posible que este, aquella, también...? ¿Sabíais qué...? Nunca habríamos creído que él o ella... ¿Qué os había dicho? es cierto que esa persona se ponía por encima de los demás...

Cualquiera que se encuentre en una situación no habitual se hace preguntas acerca de su destino. ¿Qué me pasa, pues? Aquí, y ahora, las cosas no tienen que ser así. ¿Por qué me encuentro en esta situación? ¿Qué tengo que me faltan las fuerzas y nada me aprovecha? La vida pasa y no llego a entenderla. ¿Por qué nadie me llama ya por teléfono? ¿A dónde han ido a parar de pronto los amigos?

Soy como una leprosa, los demás me rehúyen.

De vez en cuando, yo misma me he enfrentado a esta clase de puesta a prueba y de «programa de puesta a punto». Cuando se los considera a toro pasado llegamos a comprender su importancia, pero en el momento son duros de vivir. Lo que más agota es no saber. ¿Qué me ocurre? ¿Qué será de mí? ¿Por qué parece que nadie me necesita? ¿Por qué Dios me pone aparte, como en un estante? ¿Es que ya no le soy útil? ¿Tengo algunos dones, no? Las preguntas me asaltan en todos los sentidos.

De vez en cuando mis alas nacientes han estado oxidadas. Mis sueños no han recibido apoyo de ninguna parte. Las oportunidades en los momentos decisivos de mi vida sólo se han visto mucho más tarde, cuando todo había pasado. Una nueva orientación en los estudios, dos cambios de carrera, el casamiento, los embarazos, la maternidad, ser padres, constantemente han significado nuevas decisiones y nuevos retos. Era imposible no avanzar.

Realmente, la vida, más que seguir el curso de mis decisiones es ella la que me ha guiado. No he buscado cosas concretas, porque yo no sabía qué buscar. Ellas han aparecido ante mí, una puerta me ha llevado a la habitación siguiente, una ventana abierta ha desvelado nuevos paisajes, y es en mis sótanos y buhardillas donde he tenido que rebuscar. Siempre quedan cosas por descubrir, y de vez en cuando una puesta a punto es necesaria. Los nuevos tiempos de instrucción no me causan ya tanto miedo y apuro como cuando era más joven. Ya no me da miedo pasar tiempo fuera del campamento.

He probado el rico sabor de la dirección divina. Sus aliños me han sorprendido, desconcertado, encantado y enfadado. Podría decirse que los momentos decisivos acaecidos en mi vida han sido casualidades, o bien mis propias decisiones, pero no sería toda la verdad.

En general, las sorpresas de la vida y la gran variedad de itinerarios me han obligado a plantearme siempre, incluso hoy, preguntas sobre este Dios que es el mío. ¿Es él pequeño y controlable por el ser humano, o bien grande, ilimitado e incomparable en sabiduría? Yo no he creado la luna y las estrellas, el rugir de las olas o el instinto de las aves. No es a mí a quien se me ocurrió nacer después de la Segunda Guerra Mundial.

Como Job, estoy delante de Dios para aprender todo lo que no soy, para que él sea para mí a su propia imagen y no un producto de mi imaginación.

Como a Job, Dios me dice: Escucha (¿comprendes, te enteras?, comprueba y analiza: *¿Por dónde se va a la morada de la luz? ¿Y dónde está el lugar de las tinieblas...? ¿Has entrado tú en los depósitos de la nieve? ¿O has visto las reservas del granizo...? ¿Diste tú al caballo su fuerza? ¿Vestiste tú su cuello de crines ondulantes...? ¿Vuela el gavilán por haberle enseñado tú, y extiende hacia el sur sus alas...?* (Job 38, 39).

Cuando Dios me habla como le habló a Job en su momento, guardo silencio: «*¿Invalidarás tú también mi juicio? ¿Me condenarás a mí, para justificarte tú?*». Así es como aprendo a responder como Job, que dijo que antes había oído hablar de Dios, pero que después de sus pruebas, sus ojos lo habían visto, o al menos percibido.

Entonces, como ahora, me encuentro frente a las mismas verdades. Aprendo y olvido. Tengo que revisar y volver a pasar el examen. Sólo con el paso del tiempo queda en mi corazón algo auténtico y duradero; una verdad vivida que se fortalece con las experiencias de la vida. Estoy aprendiendo algo infinitamente preciso que no encuentro en ningún libro. Es mi curso personal –el resumen del curso particular–. Sus objetivos: lo mejor para mí, el ensanchamiento de mi alma, buena iluminación para verme a mí misma; crecer hasta alcanzar la estatura que se me concede, que no sea ni en exceso ni en defecto.

La manera como Dios se ocupa individualmente de cada uno de nosotros toma su tiempo. No debemos tener miedo de las puestas a punto. Son una necesidad para el pleno desarrollo de todo ser humano.

Por culpa de Miriam, durante siete días, el pueblo no avanza. Más tarde también sucederá que grupos enteros hayan conocido lo inesperado y la confusión por culpa de una sola persona.

Nos maravilla leer cómo Miriam fue autorizada a regresar al campamento. De estar enferma, no se la hubiera admitido. Dicho de otro modo, fue necesario que su piel hubiera sido purificada de la terrible enfermedad de la lepra. Se produjo un milagro, y podemos igualmente suponer que su corazón fue cambiado de manera radical; fue purificada –como poco, se volvió más equilibrada, encontró su justa medida–.

¿Perdió su don profético? ¿Y qué del canto? En todo caso, lo sucedido era de tal importancia que Moisés volverá a hablar del asunto: «*Acuérdate de lo que hizo Jehová, tu Dios, a María en el camino, después que salisteis de Egipto*» (Deuteronomio 24:9). Es bueno acordarse de estas cosas y repasarlas interiormente.

Las mujeres recuperan a Miriam y, quizá, necesitan tiempo para acostumbrarse al nuevo orden de marcha. Hay que despojarse de los antiguos conceptos, y los demás deben también quitarse sus caretas. Puede que la antigua manera de hacer las cosas ya no funcione. No se nos dice qué vino a sustituirlas, pero podemos esperar que hubiera novedades curativas.

Cuando se produce un cambio en la vida de alguien, cuando la persona cae en una crisis, se consume, se repliega sobre sí misma o se aísla, no podemos saber con exactitud de qué se trata. Puede que ni ella misma lo sepa. No podemos empujar, ni reñir, ni enseñar al corazón de otra persona, ni hacerle andar más rápido. Lo único que podemos hacer es estar a su lado, orar y permanecer disponibles para cuando nos necesite. Es posible que alguien pueda llegar a acercarse a él, pero nadie podrá llegar a lo más profundo de su corazón.

Un respeto santo permite al otro seguir su propio curso. Amar es a veces tener la delicadeza de mantenerse a un lado.

Cada uno de nosotros, seres humanos, interpreta la vida de los demás según su propio punto de vista. Donde uno se escandaliza y se asombra, otro comprende en silencio. Para algunos de nosotros, lo que mejor conocemos son los sufrimientos y las asperezas de la vida. Para uno, el camino hacia la madurez pasará por el lado soleado de la calle, para otro, será por la sombra.

Lo que para uno aparecerá como positivo y una oportunidad para mejorar, producirá en otro desazón y amargura. No comprendemos las cosas del mismo modo, y las circunstancias que nos hacen crecer se dan a cada cual en su tiempo.

Algunos investigadores creen que Miriam no vivió mucho más tras esta experiencia dolorosa. Se piensa que murió con el corazón partido. Lo que de cierto sabemos es que murió en el desierto del Sinaí, en Cades, donde fue sepultada.

Pero también podemos tener una opinión distinta sobre el tema. Por mi parte, me gustaría creer que Miriam se convirtió en una anciana llena de sabiduría que, justamente, gracias a su propia experiencia, tuvo mucho que aportar a las mujeres jóvenes, porque cuanto más profundo es el valle por el que caminamos, más hermosa es la vista cuando subimos de nuevo a la montaña.

Mi dolor puede transformarse en una fuente de bendición para los demás. Las cadenas de mis errores no me aprisionarán para siempre, pues Cristo las ha roto para que nosotros, seres inacabados, podamos tener una vida sobreabundante.

Dios acepta lo inacabado, pues sabe que durante el tiempo presente nunca alcanzaremos la perfección.

La historia de una mujer mancillada

Una mujer se acerca al pozo, sola pero con dignidad. Me instalo cómodamente, pues en seguida voy a escuchar la historia de una mujer mancillada, un cuento de Cenicienta.

El libro de Josué, que nos habla de Rahab, está lleno de aventuras, hay materia para no pocas películas. Unos espías en misión de reconocimiento pasan la noche en la casa de una prostituta llamada Rahab, la aventura puede comenzar ya.

Josué hijo de Nun envió desde Sitim dos espías secretamente, diciéndoles: «Andad, reconoced la tierra, y a Jericó». Y ellos fueron, y entraron en casa de una ramera que se llamaba Rahab y se pernoctaron allí (Josué 2:1).

El nombre de Rahab sugiere la obscenidad, la impetuosidad, y su origen amorreo nos dice que ella es de los que adoran dioses falsos. Por otro lado, Rahab era también un nombre copto, el nombre simbólico y poético de Egipto, que Dios aplasta. Vista desde un punto de vista humano, es sencillamente una posadera de mala reputación, una prostituta.

Se infiere que sus padres, hermanos y hermanas están vivos. ¿La consideran ellos como una leprosa moral, que vive su vida en su casa, construida en los muros de la ciudad. En todo caso, más adelante aparece asumiendo ella la responsabilidad de toda la familia.

Al dar cobijo a los espías, Rahab parecer ser plenamente consciente de lo que ocurre. Es plausible que los forasteros que utilizaban sus servicios le hayan hablado de los israelitas refiriéndole milagros como por ejemplo el paso en seco por el Mar de los Juncos. En la ciudad se sabía que había que temer su llegada. Cuando los espías empiezan a ser buscados Rahab los oculta en la azotea de su casa bajo manojos de lino que estaban allí extendidos, engañando así a los perseguidores. *Antes que ellos se durmiesen, ella subió al terrado y les dijo: «Sé que Jehová os ha dado esta tierra...»* (Josué 2:8).

«Porque Jehová, vuestro Dios, es Dios arriba en los cielos y abajo en la tierra», así es como ella expresa su fe en plena excitación por los preparativos para la fuga. Como su casa está adosada a las murallas será fácil hacer bajar a los hombres con una cuerda desde la ventana hasta el exterior de la ciudad. La gestión que a continuación ella pone en marcha se basa totalmente en la confianza y las garantías dadas. *«Os ruego, pues, ahora, que me juréis por Jehová, que como he hecho misericordia de vosotros, así la haréis vosotros con la casa de mi padre, de lo cual me daréis una señal segura; y que salvaréis la vida a mi padre y a mi madre, a mis hermanos y hermanas, y a todo que es suyo, y que libraréis nuestras vidas de la muerte»* (Josué 2:12-13).

Es admirable que Rahab tenga el deseo y la audacia de arriesgar su propia vida por gente que le es totalmente ajena. A decir verdad, en lo que concierne a su reputación, no tiene nada que perder. Es igualmente elocuente su preocupación por su familia.

Rahab ata a su ventana el cordón rojo que le dieron los espías, pues eso es lo que le traerá la salvación en las semanas que siguen. Esta señal, propia de su profesión, apenas llamará de forma singular la atención. Después de esto ella sigue con su vida y su oficio de posadera. No se volvió más virtuosa ni tampoco cambió de oficio; tal como ella es, pero guardando un gran secreto, está a la espera de acontecimientos.

Mientras tanto, los espías se ocultan de los perseguidores en las montañas y, unos días más tarde, vuelven de su viaje exploratorio junto a Josué. Al referir la situación de Jericó y el miedo de sus habitantes utilizan casi palabra por palabra lo dicho por Rahab. Mientras que Josué y sus hombres hacen sus preparativos, el pueblo se santifica para los milagros que vienen.

La conquista de Jericó comienza en el capítulo seis de Josué. Es una operación sobresaliente. Una vez al día, durante seis días consecutivos, el ejército debe de dar la vuelta a la ciudad. Siete sacerdotes van delante del arca de la alianza. El séptimo día se rodeará la ciudad siete veces. Después gritarán y sonarán trompetas. ¡Hace falta que entre ellos haya gente que sepa contar, pues durante siete días hay bastantes siete que recordar!

Podemos imaginar cómo se sintió Rahab durante esos días. El miedo y la esperanza se turnan, la fama de su oficio no le será ninguna ventaja en el futuro. Su única esperanza es el cordón rojo atado a su ventana. Pero la promesa que le dieron los espías se mantendrá y le traerá la salvación, así como a la familia de su padre.

La fe de Rahab es mencionada también más adelante, en el Nuevo Testamento. *Por la fe Rahab la ramera no pereció juntamente con los desobedientes*[5]

5. Incrédulos, en la versión utilizada en la traducción francesa.

(Hebreos 11:31). Rahab es, junto a Sara, la única mujer citada como modelo de fe en la gran nube de testigos.

Jericó era la ciudad amorrea que peor fama tenía, y cuando es conquistada, Rahab la prostituta y toda su familia son llevados a un lugar seguro fuera de las murallas de la ciudad. Y *habitó ella* –y su familia– *entre los israelitas hasta hoy*, se nos dice en el texto (Josué 6:25). Más tarde Rahab se casará con Salmón, uno de los espías. Tendrán un hijo, Booz, que se casará con Rut. Ésta, a su vez, dará a luz a un chico llamado Obed, quien será el abuelo de David. De este modo Rahab la prostituta se convertirá en la antepasada real de la línea de la cual nacerá Jesús. ¡Qué sobresaliente es este destino de mujer y esta historia de progresión!

Rahab nos muestra lo que es posible para una mujer mancillada. De nuevo, por un motivo u otro, Dios escoge como personaje central de sus planes a una mujer que no tenía nada de lo que sentirse orgullosa. Bien al contrario, en lo concerniente a su dignidad humana, ella nos recuerda más bien a la mujer samaritana, que tenía que someterse a condiciones impuestas por otros para poder sobrevivir un día tras otro.

El Antiguo Testamento nos muestra ya muchas cosas de la naturaleza del corazón de Dios: él ama a los pecadores, cree en sus posibilidades aún cuando los seres humanos le ofenden.

Dios ve siempre hasta lo más profundo de nuestro corazón, a través de nuestros fallos.

Por eso es tan bueno estar en su presencia. El ser humano no puede esconder nada, ni siquiera el mal que está en él. Esta intimidad de amor es la mejor medicina para una pobre autoestima. El efecto es duradero, pero de todos modos de vez en cuando hay que volver al médico para renovar la receta. Cuando los dopantes, los complejos nutritivos y las hormonas de crecimiento para el espíritu son artificiales, puede que los músculos de nuestra alma se inflen, pero nuestra fe no se fortalecerá. Los efectos secundarios aparecerán al pasar el tiempo y, para acabar, los frágiles cimientos se desmoronarán de golpe.

Rahab es una mujer de hoy. Quiere ser amiga de cualquier persona que se sienta marcada por alguna mancha, provenga esta de sus propios actos o producida por la gente o por la vida. Se acercará a aquellos menospreciados de la gente, aquellos cuyos amigos finamente evitan de lejos y que sus familiares más cercanos decepcionados miran con frialdad.

Lo peor es cuando una persona empieza a menospreciarse a sí misma, sea por su aspecto, su carácter, su medio ambiente, su edad, por las cicatrices de la vida... El desprecio hacia uno mismo es un estado con el que muchos están familiarizados, cualquiera que sea su edad. La mujer es una presa más fácil de esto que el hombre, pues el cuerpo de la mujer es un símbolo llamativo, y está sometido a un examen implacable.

Dondequiera, la mujer se baña en una atmósfera de sexualidad. El deseo de ser abrazada puede llevarla a una falta puntual o a toda una vida de avidez en este terreno. Hay que encontrar este abrazo donde sea. En paralelo crece el desprecio hacia una misma y el endurecimiento, pues no tenemos derecho a sentirnos mal.

Rahab tiene hermanas tanto en los países lejanos como en los cercanos, dondequiera que los hombres arruinan las vidas de las jóvenes. Cuando el hombre encuentra su propia satisfacción por medio de una mujer joven, el amor es una caricatura, una fuerza destructiva, la sede de la muerte. La Rahab de la Biblia es un ejemplo de cómo una mujer puede escapar, como por fuego. Ella tiene derecho a una nueva vida, a la pureza, a un nuevo papel precioso en el mundo creado por Dios.

Si Dios estimó correcto incluir a Rahab en el árbol genealógico de Jesús, nosotras también debemos atrevernos a tener de nosotras mismas una opinión buena y cabal. En la vida de una mujer, una de las fuerzas que la sostiene se basa en el hecho de que se sienta una persona que da la talla, la del Creador, la de sus seres queridos y, ante todo, la suya propia. En palabras de Víctor Hugo: «La mayor dicha en la vida es saber profundamente que somos queridos tal cual somos, y no a pesar de lo que somos».

La mañana del Día de la Madre, en un libro titulado *Dios habla*, me llamó la atención totalmente a propósito el siguiente texto: «No juzgues. El corazón del hombre es tan sensible, tan complejo, que sólo Dios lo conoce. Cada corazón es diferente, lo que lo emociona es diferente, las circunstancias que lo dominan son diferentes, los sufrimientos que lo moldean son diferentes».

¿Cuál es tu fallo? ¿Se ve por fuera, lo ves tú misma en ti, causa dolor en tu alma, o es un crimen, una estafa, un fraude, un fracaso que todo el mundo conoce?

Rahab sabe que ha venido sola al pozo. Se te acerca, quiere que levantes la cabeza, que recuperes tu dignidad, y decirte que de ningún modo eres una mala persona, indigna de una gran tarea. El hombre mira la apariencia, Dios examina los corazones. Sus ojos ven lo que podemos llegar a ser si se nos da la oportunidad.

Todavía hoy existen las historias de Cenicienta.

Capítulo 9
Débora

La lideresa

Mientras Débora viene hacia el pozo varias mujeres siguen su estela. Juana de Arco, Florencia Nightingale, Catalina la Grande, Madre Teresa, Matilde Wrede, la reina Guillermina de los Países Bajos, Golda Meir, Indira Gandhi y muchas otras de nuestra época, pioneras, lideresas, madres...

Para seguir la vida de esta importante mujer hay que abrir la Biblia en el libro de Jueces. El nombre de Débora, que se menciona por primera vez al principio del capítulo cuatro, hace referencia a la abeja, a la que se consideraba antiguamente como una criatura inteligente. De ello podríamos deducir que la inteligencia de este insecto se encuentra en su naturaleza. Es igualmente interesante el imaginarnos el aguijón de la abeja como símbolo del armamento de los ejércitos de Débora.

No es por nada que se la considera como una de las mujeres más sabias del Antiguo Testamento.

No sabemos nada de su trasfondo familiar. Quizá sus padres le pusieron ese nombre según el de la criada nodriza de Rebeca, enterrada en su día bajo un árbol llamado «la Encina de los Lamentos». Se dice que ella se sentaba bajo una palmera, árbol precioso y raro. Esta «Palmera de Débora» era un excelente punto de referencia para los israelitas que venían a ella con sus pleitos.

Su marido Lapidot había aprendido a aceptar el carácter fuerte de su esposa y su posición excepcional. Él sabía darle su apoyo y ejercer su influencia en la sombra. Un hombre como él tiene que tener una buena imagen de sí mismo como hombre y saber bien cuál es su lugar.

Débora no tenía hijos propios, o al menos no se dice nada al respecto. Llamada «Madre en Israel» era una dirigente para todo el pueblo y una profetisa que discernía la voz de Dios. En beneficio del pueblo ella usaba tanto su sabiduría como su intuición y su inspiración espiritual.

Débora ejercía su actividad en un tiempo cuando los cananeos, bajo la dirección de su comandante Sísara, oprimían a los israelitas. El país estaba devastado, la columna vertebral espiritual del pueblo estaba quebrada y el miedo reinaba entre sus habitantes. Débora, que es tanto una agitadora como una mujer de poder, llevará al pueblo de la desesperanza a la victoria.

Débora llama a Barak, de la tribu de Neftalí, a llevar al ejército a atacar a Sísara. Ella recibió una palabra de parte de Dios y emociona leer cómo Barak la escucha, la cree y le pide que le acompañe a la batalla. «*Si tú vienes conmigo, yo iré; pero si no vienes conmigo, no iré*» (Jueces 4:8). La conversación es clara. Ella dijo: «*Iré contigo; mas no será tuya la gloria de la jornada que emprendes, porque en manos de mujer entregará Jehová a Sísara*». ¡Ella sabe quién será esa mujer!

En ese momento toman una gran decisión, es una cuestión de vida o muerte. Están a la vez cara a cara y lado a lado, pues él, el jefe, necesita que ella esté a su lado, al punto de no avanzar si ella no está. ¿Es por miedo? ¿Por debilidad? De cualquier modo se trata de algo notable, porque se dice expresamente que Dios entregará a Sísara en manos de una mujer. Débora conoce su valentía, lo que no le venía de sí misma, sino de la elección de Dios. ¿Habría preferido ella, como mujer, ocuparse de sus propios hijos en vez de sentarse a la sombra de su palmera para dar consejos sobre asuntos delicados?

La Biblia nos cuenta la historia de la batalla del monte Tabor. Es Débora la que da las directrices diciéndole a Barak: «*Levántate, porque este es el día en que Jehová ha entregado a Sísara en tus manos: ¿No ha salido Jehová delante de ti?*» (Jueces 4:14). Ella misma no desciende de la montaña para participar en el combate, pero dirige al ejército de lejos. ¿Con el poder de la oración?

Barak avanza con sus diez mil soldados contra cien mil hombres y novecientos carros de hierro. Pero quien da las órdenes es Débora, pues es ella la que sabe discernir los tiempos de Dios. Después de esta batalla extraordinaria y de esta victoria milagrosa, los israelitas podrán vivir en paz durante cuarenta años.

Tras la victoria, se cantará el cántico de Débora, que tiene tres mil años de edad, uno de los más antiguos en lengua hebrea. El cántico comienza con una historia del pueblo y concluye con las peripecias de la batalla. Los investigadores han subrayado numerosas expresiones femeninas, lo que les ha llevado a concluir que fue escrito por una mujer. «*Las aldeas quedaron abandonadas en Israel, habían decaído, hasta que yo, Débora, me levanté, me levanté como madre en Israel... Así perezcan todos tus enemigos, Jehová; mas los que te aman, sean como el sol cuando sale en todo su fulgor*» (Jueces 5:7.31).

La historia de Débora también encuentra eco en nuestra época. Si la fuerza de una esposa es evidente y que su valía y capacidades superan a las que su marido puede aportar en una situación de crisis cotidiana, ¿qué es más importante, el sexo o la tarea a realizar? Esta historia nos muestra que las decisiones de Dios no se ajustan a los esquemas y a las tradiciones culturales humanas. En los hombres y mujeres que Dios ha creado existen rasgos de carácter que serán necesarios cada uno a su tiempo y a su manera. Unas veces se ajustarán a las «convenciones», y otras veces no.

La mujer adecuada en el lugar adecuado, es una gran bendición, ya sea para la familia como para todo un pueblo. Puede variar el grado de autoridad, pero eso no significa que haya desigualdad entre ellos. La manera como Dios actúa contiene una paradoja divina, que hemos de aceptar. Es importante que no nos prohibamos tareas que se nos puedan encomendar en función de su «pequeñez» o su «grandeza». Tampoco tendríamos que envidiar tareas encomendadas a otros ni que seamos obstáculo para que ellos las lleven a cabo. La jovencita esclava de la mujer de Naamán y Débora tienen el mismo valor.

En el alma femenina se esconde muchas veces la comparación, semilla de la envidia y de los celos. Puede suceder que la mujer los deje pudrirse por años, de modo que hagan que su vida y pensamientos se llenen de amargura, y que eso la prive de una buena comunión o de una buena colaboración con los demás.

La posición de líder no está hecha para todo el mundo. Eso es lo que ponen de manifiesto numerosos estudios que miden el nivel de satisfacción de los trabajadores y la forma como padecen sus condiciones laborales. Una persona equivocada en el lugar equivocado puede producir graves pérdidas. La unidad se resquebraja, se crean partidos y confrontación. La discriminación y el acoso arruinan el trabajo y las ganas de vivir.

El liderazgo de la mujer es tan alabado como criticado. De hecho, puede que sea ella la que tenga la intuición que se necesita. La mujer sabia no hace alarde de su posición, sino que entiende que servir es un privilegio. En ella se expresa tanto el general Débora dando sus órdenes de combate como el alma de un poeta con sus cantos de agradecimiento.

Levantad la cabeza con orgullo, vosotras las todas Déboras que os contáis entre las mujeres. También vosotros, todos los Lapidot, vosotros a quienes os ha tocado resistir al lado de la mujer o quizá un paso por detrás de ella, levantad la cabeza.

Capítulo 10
Dalila

La mujer de abrazo malicioso

Me gustaría ser imparcial al verme con Dalila. Me parece cosa difícil, por ello hay que leer la historia de Sansón y Dalila en el capítulo dieciséis de Jueces con especial atención. El texto nos lleva a un lugar caliente en nuestra época actual, la región de Gaza, ciudad de la actual Autoridad Palestina.

El nombre de Dalila significa bella y femenina. Una mujer que presenta estas características en el Antiguo Testamento me parece cualquier cosa menos admirable. Aparentemente ella era muy encantadora y femenina. En cualquier caso, el varonil Sansón se enamora de ella locamente.

Aunque el nombre en sí mismo sea bonito, no se menciona en la Biblia ninguna otra mujer con ese nombre, quizá porque ella se comporta como una traidora, lo que ensombrece el nombre mismo. Incluso se ha dicho que Dalila es la Judas del Antiguo Testamento. En general hay pocas mujeres que se llamen Dalila –salvo naturalmente en la canción interpretada por Tom Jones, donde también la mujer se muestra traidora–.

Todo lo que sabemos sobre los orígenes de Dalila es su lugar de residencia, situado en la franja entre Jerusalén y el Mediterráneo, donde crecían flores raras y aromáticas. Era una cortesana filistea, personalmente llena de encanto, de dominio propio y de inteligencia. De cualquier modo, todo eso sólo lo utilizará con un único objetivo, hacerse rica.

Por su parte, Sansón era un héroe admirado por muchos, juez en Israel, excepcionalmente poderoso, físicamente fuerte, pero moralmente débil. Aunque había vencido a un león, no había conseguido vencer sus deseos. Fue capaz de romper cadenas, pero no sus maneras de obrar. Derrotará a los filisteos, pero no a sus propias pasiones.

Da la impresión de que Sansón era muy enamoradizo. Si era él quien iba hacia las mujeres, o era su fuerza lo que las atraía, no lo sabemos. En contra del deseo de sus padres, toma por mujer a una joven de los filisteos que vive en Timnat, que le presiona y que lo atormenta con sus lágrimas hasta el séptimo día después de su boda a fin de obtener una información muy valiosa, con la consecuencia de varias muertes.

Lloró la mujer de Sansón en presencia de él, y dijo: Solamente me aborreces, no me amas, pues no me explicas el enigma que propusiste a los hijos de mi pueblo. Él respondió: Ni a mi padre ni a mi madre lo he explicado, ¿y te lo había de explicar a ti? (Jueces 14:16).

Entre las hazañas de Sansón está lo que ocurrió en Gaza, mientras visitaba a una prostituta. Aprovechando la ocasión trataron de hacerlo prisionero, pero Sansón arrancó las puertas de la ciudad con sus pilares y las cargó sobre sus hombros hasta la cima de una montaña cercana a Hebrón.

Los filisteos trataron de destruir a Sansón por todos los medios, pero fue en vano. Pero en esto una nueva ocasión se presenta cuando Sansón conoce a Dalila.

Judas recibirá treinta monedas por traicionar a Jesús, los filisteos dan a Dalila cada uno mil cien monedas de plata por traicionar a su marido. Ella tiene que seducir a Sansón, a quien hasta el momento nadie ha conseguido doblegar. En efecto, se sabe que con solo una mandíbula de asno mató a mil hombres. En aquel momento Sansón lleva siendo juez de Israel no menos de veinte años y Dalila pertenece a un pueblo que aborrece y teme a los israelitas.

Dalila utiliza todo su poder de seducción para conseguir que Sansón le descubra cuál es el secreto de su fuerza. Ella es un agente secreto en el juego político de su época, la madre de las mujeres agente secreto de todos los tiempos. Por tres veces Sansón la induce al error. En cada ocasión, los filisteos, a quienes Dalila transmite de inmediato las «revelaciones» de Sansón, se encuentran en la habitación de al lado, dispuestos a asestar el golpe. En cada ocasión Sansón tiene tiempo de romper sus cadenas y sus ataduras, para frustración tanto de Dalila como de los filisteos.

Haciéndose la inocente, Dalila acusa a su marido de mentirle. Sus palabras podrían salir directamente de un drama de nuestro tiempo sobre las relaciones humanas: «*¿Cómo dices: "Yo te amo", cuando tu corazón no está conmigo? Ya me has engañado tres veces y no me has descubierto aún en qué consiste tu gran fuerza*» (Jueces 16:15).

«¿Me quieres? ¿Confías en mí?» ¡Qué familiares resultan estas palabras en labios de una mujer de hoy! Detrás de la palabra «amor» se puede esconder todo cuanto uno quiera. No sorprende, pues, que la confianza perfecta no exista ya. A menos que uno se sienta responsable frente al otro, se vuelve profundamente egocéntrico, incluso en el amor.

«Lo deseo, lo cojo, lo necesito» está muy lejos del amor que cree, que espera y que quiere lo mejor para el otro.

Dalila dedica su tiempo y su propio encanto en su propio interés. Obtiene una victoria por puntos sobre Sansón presionándolo y atormentándolo día tras día. A tal punto, que para acabar se dice que ya estaba harto de todo el asunto. Él se traiciona a sí mismo, porque no puede resistirse al encanto de su mujer. El secreto vital de su vida, su fuerza, ya no le parece tan importante como para ser revelado a una simple mujer, sobre todo si a cambio recibe los servicios del amor, un momento de solaz.

Viendo Dalila que él le había descubierto todo su corazón, envió a llamar a los principales de los filisteos, diciendo: «*Venid esta vez, porque él me ha descubierto todo su corazón*». Los príncipes de los filisteos vienen a ella y le traen el dinero que le habían prometido.

Dalila hace que Sansón se duerma sobre sus rodillas. Sus susurros y su ternura aseguran a su marido un sueño profundo tras haber satisfecho la pasión. Ella llama a un hombre que le corta las siete trenzas de su cabellera. Pero Sansón es un siervo del Señor, un nazoreo, cuyos cabellos no han sido nunca cortados. Allí está el secreto de su fuerza. *Entonces comenzó ella a afligirlo, pues su fuerza se apartó de él* (Jueces 16:18-19).

Dalila recibe la paga por el trabajo realizado, y a Sansón le sacan los ojos. Lo llevan a Gaza, donde le siguen la vergüenza y la tortura. Se divierten a costa suya mientras que los jefes de los filisteos ofrecen grandes sacrificios a su dios Dagón.

Para acabar, Sansón, ciego, se vuelve al Dios de su pueblo y exclama: «*¡Señor, Jehová, acuérdate ahora de mí!*». Durante un instante, sus fuerzas le vuelven, y, a tientas, alcanza a agarrar las columnas del edificio de modo que la construcción entera se desplome sobre él, así como sobre todos cuantos están allí.

¿Perece también Dalila con su dinero? ¿Si sobrevivió, se destruyó algo en su corazón?

El escritor H. V. Morton asevera que la historia de Sansón y Dalila se cuenta aún hoy en las comisarías de policía. Bajo distintas formas, pero el asunto central se repite. El hombre que se hunde cada vez más profundamente en su incapacidad de controlarse acaba perdiendo sus fuerzas, volviéndose ciego y pereciendo del todo.

A Dalila no le interesaban las debilidades de Sansón, sino su fuerza. Una vez que él traicionó lo que era su fuerza, no le quedó nada más.

Uno y otro nos dan motivos para mirarnos al espejo.

Capítulo 11
Rut

Una refugiada que eligió bien

Estoy impaciente por encontrarme con Rut. Creo que esta vez ella tampoco vendrá sola. La sigue Noemí, pues estas dos mujeres están unidas por vínculos muy fuertes. Siendo yo suegra desde hace poco, estoy segura que puedo aprender algo de su destino.

De todas las mujeres de la Biblia, Rut es la que mejor conozco, pues tan solo tenía yo veinte años cuando me encontré con ella por primera vez. El intermediario fue el libro escrito por el predicador Niilo Tuomenoksa, cuya obra la pinta con vivos e interesantes colores. Más tarde fui guiada por la diaconisa Vieno Heinonen, mujer independiente y sin prejuicios, notable escritora de cuentos. Después se han añadidos otros comentarios y libros.

Rut comenzó a ser para mí representativa de todas las mujeres de la Biblia. Comprendí que podían hablarme, con la sola condición de escucharla con el corazón abierto. Así nació un vínculo que sobrepasa las generaciones y los milenios. La vida se volvió una gran aventura en la que yo también tenía una misión que cumplir.

Rut fue como la puerta que me abrió el camino de esta aventura. Ella, en las distintas etapas de mi vida, me ha hecho conocer a las otras mujeres de la Biblia a medida que he sabido recibirlas.

El libro de Rut es uno de los más hermosos y más emocionantes de la Biblia; está dedicado a una mujer y a su relación con los demás, a su trayectoria, su misión y su fidelidad. También es verdad que Noemí, su suegra, va siempre con ella y que es precisamente por medio de ella que todo lo bueno le sobrevendrá en su vida. Por su parte, Noemí fue enriquecida por medio de Rut. Como telón de fondo se dibuja el gran proyecto de Dios, cuyo sentido no se comprenderá hasta mucho después.

El nombre de Rut significa amistad, amiga, y eso es lo que ella es. También se la ha llamado la María del Antiguo Testamento, ya que es la antepasada de la familia de David. Desde tiempos antiguos y hasta el día de hoy este nombre es muy apreciado para las chicas.

El libro se sitúa entre los de Jueces y Samuel y ocurre en los días de los jueces, entre aproximadamente 1250 y 1050 años antes de Jesucristo. Habría que leer el libro de Rut en paralelo con los primeros capítulos del libro de los Jueces, porque nos da una imagen de la vida cotidiana de los israelitas en aquellos tiempos de anarquía. No se sabe nada concreto sobre su autor, pero se supone que es Samuel quien lo escribió en tiempos del reinado de David. Se remonta hasta tres generaciones antes de David para contar la historia de la familia.

Su formato es el de una novela y se lee, por tanto, con facilidad. Arrastra al lector con él, le abre nuevas perspectivas y le ayuda a identificarse con las diferentes etapas de la vida de una mujer. En los círculos judíos de nuestros días, se le lee con ocasión de la fiesta del Shavuot –la fiesta de la cosecha–, en el tiempo de nuestro Pentecostés, siete semanas después de la Pascua.

Su conexión con el Nuevo Testamento se encuentra al principio del Evangelio de Mateo. Puesto que este libro se dirige a los judíos, las genealogías que leemos en él son importantes. Se menciona a las mujeres que Dios eligió para figurar en el árbol genealógico de Jesús, mujeres que seguramente nosotros no habríamos elegido. En esa genealogía aparecen los criterios de elección de Dios, quien ve hasta lo más profundo del corazón de la persona y sabe lo que acontecerá con cada uno.

En esta lista, junto a Rut se encuentran Tamar, de destino desesperado, Rahab, con reputación de prostituta, Betsabé, la mujer de Urías, y la insignificante María de la ciudad de Nazaret. Cada una de ellas estaba de una u otra forma envilecida, esclava de las circunstancias, siendo, sin embargo, un eslabón importante en la cadena de las generaciones. A quienes queremos triunfar, tener buena fama, saber hacer, y tener éxito, estas mujeres nos abren una perspectiva diferente sobre el destino humano. No podemos limitar el derecho soberano de Dios de elegir a las personas que él quiere para que sus planes a escala mundial se cumplan a través de la historia.

Al principio del libro de Rut nos encontramos en plena hambruna. No es nada excepcional en esas zonas, pues la semidesértica Judea es una región bastante inhóspita. Allí tenemos una pequeña familia: el nombre del padre, Elimelec, sugiere la expresión «Dios es rey». Por su lado, los nombres de los muchachos, Mahlón y Quelión, tienen que ver con fragilidad o enfermedad. El nombre de la Madre, Noemí, lleva en sí mismo la idea de una persona feliz. Se decía que la familia era efratea, lo que nos recuerda a Raquel y a su tumba, situada en Efrata, entre Jerusalén y Belén.

Al verse amenazado por la desgracia, el ser humano tiene que buscar la seguridad en otra parte. En todas las épocas, el hambre ha forzado a la gente a emigrar. La marcha exige, sin embargo, tener un carácter atrevido y no todo el mundo es capaz de emprender la ruta. Además, tampoco todo el mundo tiene por qué hacerlo.

La meta hacia la que se dirige esta familia de Belén es el país llamado en aquel tiempo Moab, es decir, la actual Jordania, a unos cincuenta kilómetros al este de Belén. Las montañas de Moab se levantan aún hoy al este del Mar Muerto, cuando viajamos de Jericó hacia Eilat.

Los moabitas descendían de Lot y de su hija mayor; nos acordamos bien de ellos, ¿no es cierto?

Los incidentes fronterizos con los israelitas eran habituales. Los israelitas despreciaban a las bonitas hijas de los moabitas –no estaba prohibido casarse con ellas, pero tampoco es que fuera algo recomendable–. Los moabitas adoraban al dios Quemos, que era una abominación para los judíos (1 Reyes 11:7). El objeto de su adoración era completamente diferente y de ahí que muchos de sus valores vitales y morales también lo fueran.

Hace falta tiempo para habituarse a unas nuevas circunstancias, apertura de espíritu y muchas otras cosas más, como saben bien quienes han sufrido el exilio. Un simple cambio de localidad, un nuevo puesto de trabajo, incluso dentro del propio país, el hecho de casarse con alguien con tradiciones ancestrales diferentes exige una adaptación. En tales circunstancias uno debería concederse un tiempo de duelo, de transición, durante el cual los sentimientos pasan del amor al odio, de la alegría al desengaño. La vida nos sorprende con frecuencia, y una solución que parece ser buena arrastra consigo circunstancias a las que cuesta tiempo y esfuerzo adaptarse.

Con el fin de proveer a su familia de medios de subsistencia y un porvenir Noemí y Elimelec asumen un riesgo no desdeñable. Sabemos poco sobre su vida familiar, pero lo que se nos cuenta es bastante triste, pues el padre muere dejando a Noemí sola con sus dos hijos. En contra de las prescripciones judías ellos se casan con mujeres moabitas, Orfa y Rut.

Nada se nos dice de lo que piensa Noemí, pero algo podemos adivinar. Ahora está viuda, es judía, está aislada, y tiene que aceptar ser la suegra de dos extranjeras. No tiene otra opción, pues su familia y sus amigos están en Belén. No está muy lejos, pero lo suficiente dadas las circunstancias.

Pero diez años después sobreviene un suceso determinante. Los dos hijos mueren dejando una suegra viuda que envejece y a dos nueras igualmente viudas. Tres mujeres y ningún hijo que pueda asegurarles una posición social. El más duro de los destinos para esta mujer conocida con el nombre de «feliz» cuando dejó atrás su país. Pero el plan de Dios sólo se veía en parte, pero en medio de las pérdidas y de las penas se podía entrever un nuevo resquicio. El ser humano no tiene la capacidad de ver con mucha antelación, ni tampoco le está permitido. De otro modo no viviríamos por fe, y exigiríamos ver antes de dar un paso más.

Cuántas veces he pensado, en momentos en los que mi vida cambiaba de dirección, que todo se acababa allí. En esos casos particulares, lo que se vive o lo que sucede parece no tener ninguna explicación lógica, no encaja con lo normal de una «buena» vida y sólo consigue agotar nuestras fuerzas. ¿Por qué tenía que pasarme esto? ¿Y por qué precisamente ahora? ¿Dónde está este Dios que había prometido estar a mi lado?

Seguramente Noemí también se plantea estas preguntas. ¿Piensa ella sola, o acaso hay en su entorno un alma gemela, o incluso una vecina que tiene la misma fe que ella? ¿Hasta qué punto se siente ella capaz de imponer esa carga a sus nueras, agobiadas ellas también por su propio infortunio? ¿Acaso escucha más que habla?

Entonces –Noemí– *se levantó...*[6] (Rut 1:6). Es una expresión muy bonita. Ella toma una decisión. En su país las condiciones habían mejorado, y parece posible planificar la vuelta. Parece que Noemí había decidido volver sola, y ofrecer a sus nueras un porvenir más seguro en su propio país, pero ellas se unen estrechamente al viaje de su suegra. Ellas toman su decisión por alguna razón que no se nos dice. Sin embargo, me parece captar en este texto que las jóvenes siguieron la vida de Noemí lo suficientemente de cerca como para ver lo que era servir a Dios en el día a día. La fe y la sabiduría de Noemí quizá ejercieron un efecto sobre ellas, que aprendieron a querer a su suegra. Quizá naciera en ellas la fe en Dios.

La suegra les agradece el bien que ellas le han hecho a ella misma como a los difuntos. Se convierte en una mujer que sabe estimular y animar a los demás a pesar de su viudedad y de su desconsuelo de madre. Habla a sus nueras en forma directa y franca:

«*Volveos, hijas mías; ¿para qué habéis de ir conmigo? ¿Tengo yo más hijos en el vientre que puedan ser vuestros maridos?*» (Rut 1:11). Las llama hijas y las convence de que renuncien a sus proyectos de marcha.

La actitud de Noemí me habla. Ella asume sobre sus propios hombros la responsabilidad y la carga de su destino. No se abandona a las lamentaciones, pero dice explícitamente que la mano poderosa de Dios estaba sobre ella. «*Mayor amargura tengo yo que vosotras, pues la mano de Jehová pesa contra mí*»[7] (Rut 1:13).

Recuerda el pensamiento del Salmo 23: *Aunque pase por valle de sombra de muerte, no temeré mal alguno, porque tú estarás conmigo; tu vara y tu cayado*

6. En la versión francesa «*Noemí decidió volver*».

7. La versión en francés traduce directamente del texto en finlandés: «*Estoy muy apenada porque hayáis tenido que sufrir ahora que el Señor me ha sometido a una prueba tan pesada*».

me infundirán aliento. Si el Señor es mi pastor, nada me falta. Es decir, nada de lo que forma parte de la vida, el dolor como el desconsuelo, o la alegría. Todo eso viene en buena medida, a su tiempo.

Parece que al principio del viaje no faltan los sollozos, y Orfa toma su decisión. Opta por quedarse en el país de Moab, y finalmente besa a su suegra a modo de despedida.

Cuando nos encontramos en una situación similar, nosotros también elegimos nuestras opciones personales. No podemos seguir a cualquier otra persona allá donde nuestro corazón no nos lleva ni nos llama. Por eso hoy no debemos erigirnos en jueces de los demás en lo concerniente a lo que decide y a lo que opta.

La decisión tomada por Rut va en el sentido contrario; su destino es seguir adelante sin saber lo que le espera. Desde el principio, como joven moabita viuda, ella tiene que ser plenamente consciente de las dificultades que le sobrevendrán en el país de Judea.

Cuando Noemí la anima a seguir el ejemplo de su cuñada, Rut proclama alto y claro su profesión de fe. *«No me ruegues que te deje, y me aparte de ti, porque a dondequiera que tú vayas, iré yo, y dondequiera que vivas, viviré. Tu pueblo será mi pueblo y tu Dios, mi Dios»* (Rut 1:16). Sólo la muerte podría separarlas, pues el vínculo tejido por el Dios de Abraham, de Isaac y de Jacob la había ya ligado a su destino como antepasada de una estirpe.

En seguida, la sabia Noemí comprende en su corazón de qué va el asunto: esto no es la cabezonada pasajera de una joven, ni un simple encariñamiento con su suegra, ni la búsqueda de una vida cómoda, sino la determinación de seguir al mismo Dios.

Quizá Rut meditó en su corazón a lo largo de los años las cosas que ella había escuchado, como María, la joven madre de Jesús. Por eso ellas estarán listas una vez llegado el momento. Ambas son mujeres a las que Dios puede confiar grandes tareas.

Noemí deja de discutir la decisión de partir que Rut ha tomado. Ella no repite lo mismo ni se lamenta constantemente como lo hacemos muchas de nosotras, las mujeres. Ha aprendido a dejarse guiar por Dios, aunque no vea en absoluto cómo va a ser. *«Y viendo Noemí que estaba tan resuelta a ir con ella, no dijo más»* (Rut 1:18).

Mi papel de suegra primeriza me ha llevado a estudiar con más detalle la posición de Noemí. ¡Con qué sabiduría supo construir una relación con su nuera y aceptar las decisiones que esta última tomó! No trató de tener razón en su lugar, ni tampoco comenzó a manipularla para hacerla pensar como ella. Sólo el tiempo y la experiencia producen una madurez real. Con nuestras propias fuerzas no podemos superar el nivel de madurez previamente alcanzado.

Una perla nace de un grano de arena que penetra en una concha. Hace falta tiempo para que se forme una perla brillante y preciosa. Dios, que no está atado a nuestra percepción del tiempo, obra a menudo demasiado lentamente para nuestro punto de vista de mujer. Parece no comprender el sufrimiento que nos causa el tiempo.

El libro de Rut nos muestra cómo Dios tiene un excelente sentido del tiempo. Una vez que nos hemos sometido a él, la dirección divina aparece también. Esos cincuenta kilómetros de marcha debieron emocionalmente ser una dura experiencia para estas dos mujeres. Noemí vuelve a casa. Rut se aproxima a su destino con interrogantes, el miedo y la tensión en su corazón. Es moabita y se sabe no deseada. Únicamente su relación con el mismo Dios la une al pueblo judío. Para ella, se trata de una «vuelta a casa» espiritual. Pero lo que espera a ambas es la inseguridad y la impotencia propias de las viudas.

Anduvieron, pues, ellas dos hasta que llegaron a Belén. Y aconteció que habiendo entrado en Belén, toda la ciudad se conmovió por causa de ellas, y decían: «¿No es ésta Noemí?» (Rut 1:19). Su llegada a Belén nos dice mucho acerca de esta última. Su partida tuvo que ser un hecho notable, puesto que su vuelta también lo es. Es evidente que no se trata de cualquiera, sino de una mujer querida en la ciudad. En cierto sentido, esto puede explicarnos cómo es que pudo adaptarse y encontrar su sitio en Moab. Sin duda tenía una autoridad natural.

El rumor de la vuelta de Noemí se extiende rápidamente entre las mujeres, y ellas vienen a verla. Noemí no regresó a hurtadillas, no se siente molesta, sino que se enfrenta a sus miradas inquisitivas. Transforma su situación en el medio utilizado por Dios para probarla. Ella misma se define, no hace falta que lo hagan las demás por ella. Reconoce su derrota, compara su situación con la que prevalecía cuando partió. Entonces lo tenía todo, ahora carece de todo.

«*Yo me fui llena, pero Jehová me ha vuelto con las manos vacías. ¿Por qué me llamaréis Noemí, ya que Jehová ha dado testimonio contra mí y el Todopoderoso me ha afligido?*» (Rut 1:21).

Muchos describen la actitud de Noemí como la de una mujer que envejece, pero por mi parte nunca he podido interpretarlo así. Antes bien, ella es realista en su fe, y dice las cosas tal como las siente en ese momento. Mi opinión es que su mundo interior está equilibrado. La vida le ha enseñado a tomar todo lo que la mano de Dios le da. Esta actitud no elimina los fuertes sentimientos de desengaño, pero no lleva obligatoriamente a la amargura. En el momento de partir hacia Belén ella cuenta a sus nueras cómo la mano del Señor había caído pesadamente sobre su cabeza y cómo el Señor la había puesto a prueba.

Si nuestra salida es en ocasiones dolorosa, la vuelta puede serlo aún más. Como el regreso del buscador de oro que será juzgado de forma especialmente meticulosa. Hace unos cuantos años, volvimos de Suecia para pasar unas vacaciones en nuestro país, Finlandia, con un deslumbrante Volvo. Pero cuando uno vuelve a la fuerza puede que nada sea deslumbrante. Es justo entonces cuando hace falta valor para volver a ver a las personas que uno conoce. Si no nos atrevemos a contar la verdad desde el principio, será cada vez más difícil con el paso del tiempo.

Al concluir el primer capítulo nos encontramos en una estación particular: es el tiempo de la vuelta de las mujeres, la recolección de la cebada comienza. Estamos, pues, a principios del verano, en el tiempo de la cosecha.

En el segundo capítulo se le menciona al lector un hecho que deja entrever lo que sucederá a continuación. Se trata del pariente con derecho de rescate, cuyo significado era importante para la vida de una viuda. «Cuando *tu hermano empobrezca y venda algo de su posesión, entonces su pariente más próximo vendrá y rescatará lo que su hermano haya vendido*» (Levítico 25:25). «*Si varios hermanos habitan juntos, y muere alguno de ellos, y no tiene hijos, la mujer del muerto no se casará fuera con hombre extraño; su cuñado se llegará a ella y la tomará por su mujer, y hará con ella parentesco. Y el primogénito que ella dé a luz sucederá en el nombre de su hermano muerto, para que el nombre de este no sea borrado de Israel*» (Deuteronomio 25:5-6).

Según la costumbre de aquel tiempo, los huérfanos y las viudas, quienes se habían arruinado, o quienes estaban de una u otra forma marginados, se ganaban la vida siguiendo a los segadores en los campos. Este procedimiento garantizaba una cierta seguridad social y funcionaba como los comedores sociales (o los restaurantes del corazón[8]) de nuestra época. Esta norma figuraba en la ley de Moisés. Se podía ser más caritativo aún leyendo un poco más: «*Cuando siegues la mies de tu tierra, no segarás hasta el último rincón de ella, ni espigarás tu tierra segada. No rebuscarás tu viña, ni recogerás el fruto caído de tu viña; para el pobre y para el extranjero lo dejarás. Yo, Jehová, vuestro Dios*» (Levítico 19:9-10).

Ruth alcanza justamente a uno de estos grupos de espigadores y se suma a ellos. Seguramente Noemí no tenía ya la fuerza para ir a los campos, y por eso la joven Rut era quien le aseguraba el pan de cada día. «Si hay alguien que quiera dejarme», dice Rut, según se narra[9], cuando quiere ir a recoger las espigas caídas por el suelo, en compañía de otros pobres. Rut es consciente de que es moabita, una refugiada que come el pan de

---

8. Los «*Restos du Coeur*» son una ONG francesa que distribuye de forma gratuita comida a los desfavorecidos (N.T.).

9. «*Donde me acojan benévolamente*», dice nuestra versión (RV77). (N.T.).

los nacionales. Incluso tuvo que humillarse respecto de las otras personas necesitadas de ayuda.

Y allí comienza en el libro de Rut una historia con un desarrollo impresionante. Se dice que ella llega precisamente a un campo concreto, perteneciente a un rico terrateniente llamado Booz. *Fue, pues, y llegando, espigó en el campo en pos de los segadores. Y aconteció que aquella parte del campo era de Booz, el cual era de la familia de Elimelec* (Rut 2:3). «Aconteció», o bien llegó «por casualidad» son expresiones interesantes y, en este caso concreto, profundamente espirituales. En efecto, no se trata de fatalidad, ni de casualidad, sino de la *Casualidad de Dios*. Cuando detrás de la casualidad está el Dios todopoderoso, todo puede ocurrirnos.

Frecuentemente nosotros mismos estamos ciegos ante esta *Casualidad*. Sólo con posterioridad es que se abren nuestros ojos, que las cosas adquieren otras dimensiones, que nuestro asombro se torna en alegría fortaleciendo nuestra fe.

Mientras Rut está en el campo, Booz llega de Belén. El modo como saluda a sus compañeros nos habla mucho de él. Pide la bendición de Dios sobre sus criados y sobre los segadores, y estos, a su vez, le responden igual. Inmediatamente, Booz observa que hay una mujer nueva en el grupo de segadores. Por supuesto que la ve, pues ciertamente ella es diferente –¿es especialmente bella, o bien excepcional de otra manera?–.

A la pregunta de Booz, el criado responde con franqueza. *«Es la joven moabita»*. La expresión es elocuente. Un segundo mensaje importante se encuentra en las palabras *«que volvió con Noemí»*. Da a su llegada la explicación normal e incluso un cierto valor. El criado la describe como una trabajadora.

Cada vez que leo los versículos siguientes me sorprendo: «Oye, hija mía, no *vayas a espigar a otro campo, ni pases de aquí; júntate con mis criadas»* (Rut 2:8). Booz dirige la palabra a esta extranjera. Él la «ve» de verdad, y la valora como ser humano. El comportamiento de Booz es aún hoy un modelo para nosotros.

Prestar atención a los demás no es que esté de moda, a menos que sea por algún provecho personal. El arte de recibir y acoger al otro como igual es sabiduría, una sabiduría que debería ser inherente a la calidad de ser humano. ¿Quién, pues, vale algo? ¿La otra persona, vale algo a mis ojos, aunque no me proporcione ninguna ventaja? ¿Quiero yo que me vean en compañía de cualquier persona, o quizá elijo con cuidado con quién ando? ¿Muestra mi manera de actuar más una máscara caritativa que un amor verdadero?

La conversación del capítulo dos, a pesar de tratar asuntos cotidianos, es muy espiritual. Booz protege a Rut en su campo, y prohíbe a sus criados que la avergüencen. La anima a ser como los demás, a ocupar su sitio y a creer en sí misma. Tiene permiso de ir a beber y de recoger espigas sin miedo. Además, Booz la bendice: «*¡Jehová recompense tu obra, y tu remuneración sea cumplida de parte de Jehová Dios de Israel, bajo cuyas alas has venido a refugiarte!*» (Rut 2:12).

Rut, que no se sentía digna ni siquiera de ser una de sus criadas, se queda perpleja ante tal actitud. Y eso que se han fijado en ella y se le ha hablado con dulzura.

¿Cómo me dirijo yo a una persona diferente, marginada, que no forma parte del grupo? ¿Salgo de mi entorno o acaso me mantengo segura entre mis cuatro paredes? ¿Tengo miedo de contaminarme con una enseñanza o una doctrina falsa?

Booz invita a Rut a que venga a comer con sus criados y le ofrece grano tostado con su propia mano. Muestra con acciones la acogida dispensada a esta refugiada, y no sólo con palabras.

Quizá, no todos no comprenden ni aceptan la manera de actuar de Booz. En el corazón de ellos la joven pertenece sin duda al pueblo equivocado, es una refugiada que viene a comerse el pan de ellos. Aún hoy se encuentran entre nosotros actitudes semejantes, tanto a nivel individual como nacional.

Booz da más instrucciones a sus criados, lo que indica que son necesarias. Parece claro que Rut ha sido empujada y le han puesto caras largas. Paro ahora ya no se permite que la critiquen más. Quizá a causa de lo que representa su pueblo, su raza y su fe.

Rut llega a recoger un saco lleno de cebada, y al acabar su jornada lleva el cereal a su suegra. Saca también los granos que le han sobrado de su comida. Algo nuevo se nota en la atmósfera.

Noemí comprende enseguida que algo ha pasado. Tal cantidad de alimento muestra que alguien ha sido especialmente amistoso con ella. Cuando Noemí oye que Rut ha estado en el campo de un hombre llamado Booz, se alegra enormemente. Es un pariente, tiene el derecho de rescate en su familia. Rut estará segura en su campo, y por eso ella se quedará allí tanto durante la recolección de la cebada como la del trigo. Por un tiempo el porvenir de estas dos mujeres desamparadas está asegurado.

El tercer capítulo es interesante y cautivador. Hay en él suficiente materia como para hacer una película. Lo que quiere Noemí es que sobre todo el futuro de su nuera esté asegurado. Por eso le da consejos muy precisos sobre cómo debe conducirse, según los usos de la época. Sus consejos son sencillos. Es necesario que Rut se ponga bonita y se disponga para meterse bajo la manta de Booz cuando, después de comer, se haya acostado en la era tras el duro trabajo. Rut actúa exactamente como su suegra le ha dicho.

Y aconteció que a la medianoche se estremeció aquel hombre, y se volvió; y he aquí, una mujer estaba acostada a sus pies (Rut 3:8). Esta mujer es Rut, quien le dice: «Acógeme bajo tu protección»[10]. El porvenir, la seguridad e incluso la supervivencia de la joven viuda están en juego, así como su honorabilidad y la posibilidad de que ella se quede en la familia.

Booz no abusa de ella, ni la echa, ni la expone a la vergüenza, sino que la bendice. Reafirma incluso su honorabilidad y decide arreglar el asunto del rescate en cuanto se haga de día. Rut puede quedarse descansando hasta el amanecer, y antes de que los criados lleguen al campo, Booz despide a Rut con su hatillo de cebada. Nadie ve nada ni sabe nada del asunto, y Rut no tiene que dar explicaciones ni que enfrentarse al menosprecio. ¿Seríamos nosotros capaces de tratar al extranjero que está entre nosotros de manera más magnífica?

Cuando Rut llega a casa de su suegra, esta le pregunta: «*¿Que hay, hija mía?*». Rut le cuenta todo lo que le ha dicho Booz (Rut 3:16). Noemí pregunta, seguramente porque al quedarse sola se mantuvo despierta y pensativa durante la noche, pues después de todo la joven era totalmente vulnerable e indefensa delante de este hombre. Puedo imaginarme la conversación de esas dos mujeres aquella mañana. ¿Qué dijo, qué hizo? ¿Cuál fue su impresión?

El tercer capítulo concluye con un versículo maravilloso: «*Estate tranquila* (espera en paz, en finlandés), *hija mía, hasta ver cómo acaba la cosa; porque ese hombre no descansará hasta terminar hoy mismo este asunto*» (Rut 3:18). (Otra traducción: «no parará». Ambas expresiones son igualmente fuertes).

«Esperar en paz» es el gran regalo de la fe. Durante toda su vida el ser humano ha de enfrentarse a decisiones, ya sean pequeñas o grandes. Una mujer toma constantemente decisiones personales, muchas veces sin saberlo. Tienen que ver con cosas materiales, tomas de posición, lo que una dice, lo que no dice. No nos quedamos tranquilamente a ver cómo se arreglan las cosas, ya se trate de nuestra relación con nuestro marido, de amor, de asuntos profesionales, de la casa, de los muchos cambios y vueltas que da la vida en general.

Tenemos prisa por saber lo que va a sucedernos. Todos conocemos bien el sentimiento de inseguridad, algunos desde la niñez. Para otros, los desengaños de la edad adulta han propiciado la desconfianza. Por eso es bueno oír una y otra vez: «*¡Estate tranquila, hija mía!*».

La enamorada arde en deseos de volver a ver a su amado, de recibir una llamada telefónica suya, una carta, un correo electrónico, la forma del mensaje da igual. Si no llega nada, surgen la duda y el temor. ¿Seguiré

---

10. «*Extiende el borde de tu capa sobre tu sierva*» (RV 77).

importándole algo? ¿Habrá otra que ocupe mi lugar? ¿Habré obrado estúpidamente la última vez y se ha hartado de mí? ¿Seré demasiado gorda/flaca/alta/baja...?

Rápidamente fijamos nuestra atención sobre nuestro yo y nos creamos una imagen imposible, sobre todo si los elementos se remontan hasta nuestra primera infancia. No sirves para nada. No sabes hacerlo. Déjame que te lo enseñe. ¿Te has mirado, con esa facha piensas ir a la escuela? ¡Ay, amigos míos, qué hija! ¡Nunca sabrás ocuparte de tu propia casa. Quién te va a querer jamás así!

La espera por el «príncipe azul» puede durar decenios. Quizá es que él no me encuentra. ¿O puede ser que yo no sea «la elección correcta» para nadie? No todo el mundo tiene claro lo del matrimonio. Frente a la vocación, puede pasar a un segundo plano el orden de prioridades. O bien, como en mi propia vida, lo que yo creía ser «la gracia del celibato» acabó en una simple tarde que marcó mi destino. Por otro lado, más de una puede llamar «espera» lo que también es ambigüedad, retraso, un tiempo de duda por miedo a atarse a otra persona. Se espera una señal, una luz sobrenatural, una convicción profunda de haber escogido bien. Sube el nivel, crece la incertidumbre y la elección se vuelve cada vez más difícil.

La recomendación que hace Noemí está llena de sentido común, se trata de vivir con los pies en el suelo en medio de los vientos de la vida, sin quedarse a esperar una calma poco verosímil. Las relaciones humanas implican siempre una parte de tensión cuando dos personas se conocen. Los que esperan la perfección se verán indefectiblemente decepcionados.

¿Cómo esperar tranquilamente a que se abra un camino nuevo? Es urgente, pero ¿en qué dirección? ¿Hacia la vida? Nuestra vida está constantemente en movimiento y avanza paso a paso o a veces a zancadas más grandes. Una simple llamada telefónica puede cambiar el curso de una vida, tal como yo misma lo he vivido una o dos veces.

De hecho, son las cosas ordinarias de nuestra vida las que ocupan la mayor parte de nuestra existencia: la simple supervivencia de la mañana a la tarde, los acontecimientos de un día a día de perros, que se repiten de año en año, durante decenios, la rutina –la suerte de todo mortal–.

Ahora bien, es precisamente gracia a estas cosas ordinarias que nuestra vida puede realizarse, y, en el fondo, para conseguirlo no necesitamos en ninguna manera «grandes» experiencias. Al contrario, son muchos los que con gusto cambiarían sus existencias agitadas y complicadas por una vida sencilla. Lo que cuenta es nuestra vida interior. Así es como yo conocí a una persona físicamente muy limitada pero que vivía ricas experiencias en un mundo en el que cada encuentro tiene un sentido, si tan solo queremos verlo.

Estate tranquila –pero no te quedes pasivamente parada en donde estás–. Sólo se conoce la vida viviéndola. Es verdad que también está hecha de riesgos y pide valentía para lanzarse. Unos buscan los riesgos más que otros. Eso se ve ya en el comportamiento del niño. Uno trepará por la roca, otro le dará la vuelta.

Estas palabras «quédate tranquila» se dirigen a cada una de nosotras, cualquiera que sea nuestro carácter. Dios no nos abandona a nuestra suerte. Nuestra propia sabiduría no basta, y él lo sabe bien.

Las duras leyes de la vida también se aplican a nuestros hijos. Una madre esperará hasta el alba a que su hijo vuelva a casa. No podemos protegerlos indefinidamente, lo que nos toca es esperar e implorar la protección divina. ¿Pero cómo estar tranquilos cuando tenemos miedo? ¿Cómo podría el ser humano tranquilizar su alma cuando está bajo el control de sus emociones? ¿A dónde puede escapar lejos de su embrollo? A ninguna parte. Y, sin embargo, en medio de toda esta agitación se nos da el mensaje de Jesús: Por nada estés afanoso, no temas. Recuerda las aves del cielo y las flores del campo –esas aves que lanzan sus chillidos de alarma y que protegen sus nidos con el corazón sobresaltado–, esas flores que crecen bajo el chaparrón, que florecen y se secan, que son pisoteadas y se las corta. Y que volverán a crecer.

¿Nos dan ellos un mensaje secreto sobre la sabiduría del ciclo de la vida? Todo lo básico se produce por sí mismo, a su tiempo, sin esfuerzo. Para vivir, necesitamos alimento, la lluvia, el sol. Es lo que hace nacer los frutos y los tallos nuevos. No tenemos que tenerle miedo a la vida.

Rut aprende también a esperar en paz. Espera la certeza de ser rescatada por su pariente. No puede hacer otra cosa, aunque se trate de su futuro. Es cierto que Booz representa una buena solución, pero para Rut el sufrimiento de la espera se acrecienta con la incertidumbre: ¿Y si por casualidad apareciera otro que quisiera rescatarla, y si esa solución significara una vida penosa sometida a un hombre difícil...?

El consejo de Noemí nos muestra que ella conoce a su Dios. Su espera se basa en la seguridad de que Dios está con nosotros en todas las cosas. Sea lo que sea lo que acontezca, él es el dueño de la situación. A dondequiera que lleguemos, él ya está allí. No podemos sorprenderlo, él ve las soluciones desde otro ángulo. Incluso el mal puede transformarse para estar al servicio del bien.

Dios crea una protección en el mundo del hombre, como una red de seguridad que recoge en sus mallas tanto al que tropieza, como al que cae o al que hace caer.

La fe viene de la palabra de Dios, de sus verdades. Él está comprometido con su palabra, no con cualquier palabra humana, ni siquiera con los deseos más legítimos del hombre. Si su palabra está cerca de nosotros, si hemos llegado a conocerla, tenemos el derecho a pensar que Dios influirá en nuestro destino por medio de su palabra.

Noemí enseñó a Rut a poner su confianza en Dios, a esperar creyendo y a apoyarse en su fe, incluso cuando le faltara esa fe.

El mismo Dios ha hecho de nosotros unos preguntones: ¿Acaso no nos ha dado a los niños por modelo? ¿Hay alguien que haga más preguntas que un niño, constantemente, sobre los mismos asuntos, que espere la respuesta y siga preguntando? ¿Qué va a ser de mí? ¿Cómo se arreglará este asunto? Ante Dios, el ser humano tiene los derechos de un niño.

En el cuarto y último capítulo de Rut, el asunto se ordena. O más exactamente toma un giro extraordinario, que continuará hasta el nacimiento de Jesús.

Al alba, según prometió, Booz acude al punto de encuentro a las puertas de la ciudad, es decir, allí donde, según la costumbre de la tribu, se acuerdan los negocios y se imparte justicia. El pariente que ocupa el primer lugar según el orden establecido comparece, y habiéndose podido reunir diez hombres, es posible fijar el destino final de la parcela de tierra del marido de Noemí y, en consecuencia, también el de Rut.

En primera instancia, el asunto parece sencillo y claro. Pero cuando se trata de rescatar a la misma vez a Rut, el derecho de rescate acaba recayendo sobre Booz. La transacción se cierra en presencia de todo el mundo mediante un intercambio de sandalias. Como para un casamiento, hacían falta testigos, y de eso hace bastante tiempo antes del comienzo de nuestra era. De esta manera se definen en torno a los enamorados y de su relación unos límites que los separan de los demás. Los presentes incluyen a la pareja en la línea sucesoria recordando a las antepasadas Raquel y Lea, y deseando a la pareja felicidad y una descendencia.

Rut se queda embarazada y da a luz un hijo. Las mujeres comparten su alegría y asocian naturalmente a Noemí: *Tomando Noemí el hijo, lo puso en su regazo y fue su aya. Y le dieron nombre las vecinas, diciendo: «¡Le ha nacido un hijo a Noemí!»* (Rut 4:16-17).

La estirpe entera es importante, y las generaciones pasadas están presentes cuando nace esta nueva vida. Las mujeres de la aldea ven la alegría que representa para Noemí su nieto recién nacido. La joven Rut, que no era más que una refugiada perteneciente a un pueblo extranjero, se convierte en un tesoro para la vida de Noemí desde el mismo momento en que ella decide seguirla en su regreso a Belén.

Las piezas del rompecabezas encajan unas con otras. Rut no es ya más la hija de un pueblo inadecuado; ahora forma parte de la estirpe de mujeres que van a transmitir la bendición de generación en generación. Había que encontrarle a David la abuela debida. Nadie podía adivinar de quién sería abuelo el pequeño Obed. No sabían nada de David, pero conocían la promesa hecha por Dios a su pueblo. La Palabra de la promesa les acompañaba y les guiaba hacia delante.

En mi pensamiento, me veo gozándome en medio del grupo de las mujeres de Belén. «¡Gracias, Señor!», fue lo primero que exclamaron en el momento del nacimiento del niño. Ojalá que siempre pudiera ser así tras el nacimiento de cada niño, que siempre hubiera esta alegría ante el milagro de una vida nueva, ante la continuidad, la protección y la bendición.

¿Cómo podríamos saber lo que será del recién nacido? ¿Se convertirá un día en padre o madre, en abuelo o abuela, que transmitirá el legado? No sólo el legado humano, sino el legado de la promesa eterna de Dios. El niño necesita tener una red de seguridad a su alrededor bajo cuya protección pueda crecer en humanidad.

Cuando yo era jovencita, me compré un libro de Helen Keller (*Sorda, muda, ciega*) y me sumergí en un mundo extraordinario. Esta mujer que ni veía ni oía nada tenía una profunda vida interior. Leyó la Biblia de cabo a rabo y así es como expresó lo que pensaba sobre Rut: «Su alma, bella y desinteresada, brilla como una estrella en medio de una época de por sí sombría y cruel. Dondequiera que sea en el mundo, es difícil encontrar un amor como el suyo, que supo elevarse por encima de creencias enfrentadas entre sí y de prejuicios raciales profundamente arraigados. La Biblia me produce un sentimiento profundo y alentador al decirme que las cosas cotidianas son temporales, mientras que las que no vemos son eternas».

El ser humano puede, desde muchos puntos de vista, ser limitado e imperfecto, y, sin embargo, tener un entendimiento y una intuición claros. Siendo yo misma deficiente visual, quiero creer que es así.

La historia de Rut nos enseña mucho sobre la verdad eterna, en la que la mujer de hoy puede igualmente abrevar. Ante todo, este libro nos ayuda a ampliar sanamente nuestra imagen de Dios. ¿Cuál es la naturaleza de este Dios en el que hoy creo? ¿Cuál es su modo de obrar? ¿Cuáles son los criterios de elección? ¿Cómo cambia él una crisis en una nueva posibilidad, una cosa insignificante en algo sustancial?

Dios elige a quien quiere. No mira lo que soy, sino lo que puedo llegar a ser. No podemos deslumbrarlo con nuestra posición, nuestra fama o gloria, pues sus criterios de elección tienen que ver con el corazón. Dios puede tocar en mí una dimensión que me era oculta, o cuya suave voz no había sabido escuchar debido a que estaba demasiado dispuesta a dejarme definir por los demás.

Rut no se eligió a sí misma para la tarea por venir. Antes que cualquier otra cosa ella escogió al Dios de Israel y todo lo demás vino a continuación. *«Buscad primeramente el reino de Dios y todo lo demás os será añadido»*, dirá Jesús siglos más tarde.

Para mí es bueno no saber lo que va a suceder cuando comienzo una nueva etapa, porque no iría muy lejos con las provisiones del pasado. Quien es llamado a tomar una nueva ruta no puede orientarse con los viejos planos. Es cierto que vale la pena cargar con aquello del pasado que nos ha servido de enseñanza y de sabiduría de vida. Del resto puedo prescindir, para que esas cosas no se conviertan en un lastre que obstaculice mi andar.

Un pasado transformado en certidumbre interior, es un regalo. Es bueno saber de dónde venimos, para aprender a comprender qué somos realmente. Ojalá aprendiera a ser como Rut, plenamente presente allí donde estoy, sin mirar para otra parte... La puerta se abre, y he aquí, ahora la parcela de tierra pertenece a Booz. Es en el momento justo en que vivimos donde Dios ha escondido lo valioso. Allí está el presentimiento de lo porvenir. Ojalá pudiera yo creer como Noemí, incluso cuando los días pasan silenciosos y apáticos, e incluso desesperanzados.

El libro de Rut me plantea una pregunta: ¿Me he escuchado a mí misma en lo más profundo de mi ser? ¿Me he atrevido a ponerme en camino, en cuanto he oído la llamada? ¿Me he apoyado en mi fe al ponerme en marcha? ¿Me he quedado parada en la cuneta esperando a mi felicidad, o bien he aceptado ir hasta el meollo de la vida en busca de mi «subsistencia»? ¿Me he aceptado tal como soy, aunque esté marginada, o sea diferente, si es la única opción sana para mí?

Dios puso al lado de Rut a una mujer sabia, la clase de mujer que también yo necesito. Nuestras Noemíes pueden ayudarnos con sus consejos pero no pueden vivir en nuestro lugar. Fue la misma Rut quien tuvo que ir al campo de cebada y enfrentarse a sí misma y a las reacciones de los demás.

Una mujer mayor necesita tacto al relacionarse con las más jóvenes. Si cree que está obligada a tener razón, no le dará a la otra lugar a que crezca, y se encontrará limitada en el día a día y reducida al silencio, lo que no es necesariamente una virtud cristiana. ¡Más de una nuera ha cuidado de su suegra hasta su última morada, aun habiéndola ésta criticado año tras año, hablando a su hijo mal de ella, tratando de levantar una barrera en medio de la joven pareja! El amor materno se reviste a veces de ropajes extraños. El afán de control de una madre puede impedir que la nueva generación se desarrolle.

Muchos vivos han sido ahogados en nombre del amor, aun cuando muchos otros han sido traídos a la vida.

A veces tenemos la impresión de que es frecuente que Dios escoja caminos que vistos humanamente parecen difíciles. ¿O acaso la tensión entre la tierra y el cielo se vive con más intensidad precisamente en el alma humana?

Para que nazca la fe.

Capítulo 12
Ana

Las sorprendentes dimensiones de la oración

Qué mujer extraordinaria...

¡...Ella que permanece sin dificultad a la sombra de su hijo Samuel! Y, sin embargo, de no haber habido una madre como Ana no habríamos conocido a Samuel. En este nombre hebreo hay una connotación de dulzura, de encanto y de gracia. El primer libro de Samuel nos dirá algo sobre los rasgos de su carácter.

Todo judío desea un hijo, y lo que le tocó en suerte a Ana era padecer la misma vergüenza y el mismo sufrimiento que Sara, Rebeca, Raquel y muchas otras en el pasado –y en nuestros días–. Es curioso, pero este problema azotó a muchas mujeres de la Biblia, como un golpe directo al corazón, un lamento hacia Dios.

La esterilidad de Ana la lleva verdaderamente a orar mucho. La esperanza está allí, en medio mismo de su desesperación, especialmente cuando la segunda mujer de Elkana se burla de ella, como se expresa de forma lastimera en 1 Samuel 1:6: *Y su rival la irritaba, enojándola y entristeciéndola porque Jehová no le había concedido tener hijos. Así hacía cada año; cuando subía a la casa de Jehová, la irritaba así, por lo cual Ana lloraba y no comía* (1 Samuel 1:6-7).

Aquí la Biblia dice explícitamente que, a pesar de todo, Ana era a la que amaba Elkana. Sin duda ella necesitaba saberlo en momentos en los que ya no le quedaban fuerzas ni para comer. Sólo lloraba. No era capaz de oponer una resistencia más eficaz.

Tenía que ser difícil creer año tras año las declaraciones de amor de su marido mientras soportaba la vergüenza de no tener hijos, cuando la otra mujer era fértil. Elkana tenía que hacer malabarismos entre las diferentes experiencias de estas dos mujeres. El hecho de que Ana llorara y dejara de comer también le afectaba a él. Trataba de tranquilizarla diciéndole que ella valía para él más que diez hijos. Esa era la expresión de su gran estima y de su amor más sublime, pero no cambiaba en nada la situación.

La familia acostumbraba ir a orar todos los años a Silo, donde hacían la comida del sacrificio de acción de gracias y se recogían en el santuario. Se nos dice que Ana, destrozada por el desconsuelo, oraba por un mismo y único motivo. Sólo se veían sus labios que se movían, ya no hacían falta las palabras. Los movimientos de sus pensamientos se veían en su rostro.

De cualquier modo, los demás no tenían por qué escuchar su oración. Era un asunto entre ella y Dios. El sacerdote Elí no supo interpretar el dolor de esta mujer –¿cómo habría podido él, un hombre, penetrar en el interior de un alma de mujer?–. Si hubiera podido echar un vistazo allí, seguramente se habría sorprendido de la capacidad que ella tenía de tocar lo Divino.

Llegó a una conclusión simple y no supo decirle más que «¡*Digiere tu vino!*». Sólo después de recibir una explicación más detallada sobre la manera de actuar de Ana fue capaz de animarla a creer en un Dios que escucha la oración.

Cuando leo la oración de Ana me emociono hasta lo más profundo de mi corazón. Entregaré lo que reciba. Entregaré a mi hijo para ser Nazareo en el templo, para que crezca y se convierta en un siervo de Dios. ¿De dónde sacó fuerzas para orar así? ¿Presentía ella que algo mayor iba a producirse y acaso por eso fue tan atrevida?

Tras recibir la certeza sobre el asunto, se levantó y comió. ¡Así de sencillo! Ya no tenía por qué seguir estando triste. La incredulidad dio paso a una confianza serena. El ser humano no puede producirla por sí mismo –le es dada llegado el momento–.

¿Qué le ocurrió esa noche a Ana en su cuerpo de mujer? ¿Una liberación total, un óvulo que se libera, un milagro? Fuera lo que fuere, su gran tristeza iba a acabarse oportunamente mediante el nacimiento de un hijo, cuyo nombre expresa alto y claro un acto de gracia: «*Por cuanto lo pedí a Jehová*».

Ana no retrocedió en su voto de entregar su hijo al Señor, aunque la tentación tuvo que ser grande. Ella decidió dar de mamar al niño tanto tiempo como pudiera, mantenerlo a su lado, tocarlo y hablarle, bendecirlo para su viaje por la vida. Por su causa, incluso llegó a anular un importante viaje para estar a su lado. El tiempo era corto.

Llegado el momento, ella cumplió su voto. El niño es aún muy pequeño cuando llega al santuario de Silo con su madre y un becerro de tres años. Y ahora es a Ana a quien le toca hablarle al sacerdote Elí: «*¡Oh, señor mío! Vive tu alma, señor mío, yo soy aquella mujer que estuvo aquí junto a ti, orando a Jehová. Por este niño oraba, y Jehová me dio lo que le pedí. Yo, pues, lo dedico también a Jehová; todos los días que viva, será de Jehová*» (1 Samuel 1:26-28).

¡Qué declaración! Ante el sacerdote, Ana no es ya aquella mujer herida en su amor propio, sino una mujer fuerte. Lo expresa con claridad: «*Yo soy aquella mujer que...*» y sigue, consciente de lo que vale, «*por este niño oraba, y Jehová me dio lo que le pedí*». Y concluye: «*Yo, pues, lo dedico...*».

¡Cómo evoluciona en su seguridad! ¡Qué atrevimiento y qué libertad de palabra, qué grande su valentía interior ante Dios como ante los hombres! Su camino hasta este día ha sido largo, pero ha valido la pena. La tristeza se ha tornado en gozo, la resignación se ha convertido en victoria. Su victoria, la celebración de la oración de una madre.

La precisión del plan de Dios me deja perpleja. Al dar a luz a este hijo Ana participa en el plan especial que Dios tiene para su pueblo. Ella no solamente tuvo al hijo que tanto deseó, sino que dio a luz a un profeta, un hombre que en su día ungirá como reyes tanto a Saúl como a David. Sin saberlo, ella oró para que Dios diera un líder a su pueblo.

La respuesta dada a su ardiente deseo y al clamor de su corazón se encaja en un gran proyecto. Sin saber aún nada, Ana alaba a su Señor. Esta oración de acción de gracias del capítulo dos se adapta a todas las mujeres, de cualquier época. Cuando llego a comprenderla con mi corazón y con mis emociones se convierte en la palabra viva y sanadora de Dios:

«*Mi corazón se regocija en Jehová, Jehová ha levantado mi frente.*

Mi boca se ensancha sobre mis enemigos, por cuanto me alegré en tu salvación.

No hay santo como Jehová; porque no hay ninguno fuera de ti, y no hay refugio como el Dios nuestro.

No multipliquéis palabras de grandeza y altanería; cesen las palabras arrogantes de vuestra boca,

porque el Dios de todo saber es Jehová y a él le toca pesar las acciones.

Los arcos de los fuertes fueron quebrantados y los débiles se ciñen de poder.

Los hartos se alquilaron por pan, y los hambrientos dejaron de tener hambre;

Parió la estéril siete hijos, y la que tenía muchos hijos languidece.

Jehová mata, y él da vida; hace descender al Seol, y hace subir.

Jehová empobrece, y él enriquece; abate y enaltece.

Él levanta del polvo al pobre; y del muladar exalta al menesteroso,

para hacerle sentar con príncipes y heredar un sitio de honor.

Porque de Jehová son las columnas de la tierra; él afirmó sobre ellas el mundo.

Él guarda los pies de sus santos, mas los impíos perecen en tinieblas;

porque nadie será fuerte por su propia fuerza.

*Delante de Jehová serán quebrantados sus adversarios, y sobre ellos tronará
desde los cielos.*

*Jehová juzgará los confines de la tierra, dará poder a su Rey
Y exaltará el poderío de su Ungido»* (1 Samuel 2:1-10)[11].

Es la gran acción de gracias de una mujer sabia de la que emana la confianza en la fuerza y la justicia de Dios. Sus palabras nacen de las pruebas y de las luchas sostenidas bajo la mirada de Dios. Estos son los mejores fundamentos de la sabiduría. Aún en nuestros días convendría usar la oración de gracias de Ana como cántico en nuestras iglesias.

El joven Samuel servía al Señor y veía a su madre una vez al año. Ésta, año tras año, le confeccionaba con sus propias manos una túnica mayor que la anterior. El sacerdote Elí bendijo a la madre y oró al Señor que le diera otro hijo en lugar del que le había dedicado. Ana, al dar a luz a tres hijos y dos hijas más, conoció así la alegría de ser también una madre como las demás.

Mientras que los propios hijos de Elí se comportaban de manera incorrecta, Samuel crecía y agradaba al Señor y a los hombres (1 Samuel 2:26), convirtiéndose para su pueblo en un sacerdote del Señor. Y al final del capítulo tres se dice con claridad: *Y todo Israel... conoció que Samuel era fiel profeta de Jehová.* Había pecado en la vida del templo y en medio de todo esto las oraciones de Ana sostenían a su hijo que iba haciéndose un hombre de Dios. Las oraciones de una madre nunca dejan de surtir efecto.

La actitud de Ana ilustra la posibilidad que tiene una mujer de creer sin ver, de intuir cosas mayores que las que tiene a la vista. Su lamento por la esterilidad era en realidad un lamento de todo el pueblo. El niño deseado representaba mucho más de lo que ella podía saber.

Cuando nosotras, tu y yo, mujeres normales, oramos, la respuesta puede tardar. Hay una razón para ello que no entendemos al principio. Cuando llega la respuesta, puede que esta nos sorprenda, sea porque implica mucho más de lo que habíamos pedido, sea porque es diferente. Detrás de una oración ferviente, hay un clamor para que el plan de Dios se cumpla.

Mujer, ¡no subestimes nunca tus oraciones! Lo que cuenta no son ni las palabras ni la expresión formal, sino la actitud del corazón. Una oración así está como ligada a nosotras, grabada sobre nuestra alma con letras de fuego. Hay en ella un deseo, un nombre a veces, pero en ocasiones permanece sin nombre. Dios conoce el contenido de nuestra oración, llevada a veces en alas de una necesidad existente por años.

11. Se respeta el formato poético de este cántico de acción de gracias (N.T.).

Mantén el clamor de tu corazón. Igual que Ana, no renuncies a tu deseo más auténtico. Cree y espera. Tu oración obtendrá respuesta de una u otra forma.

Es imposible empaquetar o enmarcar la oración. En ella se realiza secretamente la unión entre lo humano imperfecto y Dios. ¿Hace realmente mi oración que se mueva esa mano que dirige el universo? Eso es lo que me enseñaron cuando yo era joven, y sobre esa base he creído, teóricamente, en las posibilidades de la oración. La vida y el tiempo me han demostrado, por la práctica y la experiencia, la exactitud de lo que creo.

Me maravilla ver como Dios pone a mi alcance sus posibilidades. No es que siempre estén allí en todo momento, pero mis oraciones me llevan más cerca de su cumplimiento y, ante todo, más cerca de aquel mismo que las hace. Ciertamente, cuando oro estoy unida a Dios por la palabra, a nivel del tacto, del pensamiento o de la urgencia del anhelo.

Por medio de ella me uno a su visión, aceptando en verdad dejarme ver a mí misma, y a mis motivaciones, con humildad.

El fervor de Ana en su oración no se ajustaba necesariamente a las convenciones tradicionales finlandesas. Era sin duda la expresión temperamental de una mujer del Medio Oriente, una queja audible, un lamento y una conmoción de todo su ser. Por eso nosotras también tenemos derecho a alterarnos cuando oramos si eso nos ayuda a concentrarnos. Está permitido que la oración se vea en nuestro rostro –es a lo que nos invita Ana aún hoy–.

Capítulo 13
Mical

Del amor al desprecio

Ahora se acerca al pozo una mujer que amó y que también despreció a su marido. Esta mujer que fue entregada en matrimonio a David, y no es la única mujer que ha experimentado los mismos sentimientos. Los libros de Samuel nos dan a conocer mejor su destino.

Saúl, el padre de Mical, había primero decidido casar con David a su hija mayor, Merab. David era un hombre bien parecido, de expresión inteligente y un valeroso soldado, y además sabía tocar el arpa. No sorprende, pues, que la joven Mical se enamorara de él, lo que por cierto agradó a su padre, que ya estaba pensando en convertir ese amor en una trampa para David.

Pero Mical, la otra hija de Saúl, amaba a David. Y fue dicho a Saúl, y le pareció bien a sus ojos. Y Saúl dijo: «Yo se la daré, para que le sea por lazo, y para que la mano de los filisteos sea contra él» (1 Samuel 18:20-21).

El precio de la novia es terriblemente alto: cien prepucios de filisteos. David está dispuesto a pagarlos, pues así se convertirá en yerno de Saúl, y en un instante pasará del estado de pobre pastor a una posición elevada. Sin embargo, ni en una sola ocasión se dice que David se hubiera enamorado de Mical, su primera esposa.

Llama nuestra atención que se mencione por segunda vez que Mical amaba a David (1 Samuel 18:28). Quizá era algo bastante notorio como para que se hable de ello. Al mismo tiempo, por su parte, Saúl, le coge miedo a su yerno más que antes. En el trasfondo hay unos celos que vienen desde hace tiempo e incluso un intento de asesinato, pues David triunfa en sus empresas y se le admira más que al hombre decadente e interiormente atormentado que es Saúl.

El amor y el odio, el miedo, los celos y las intrigas están frecuentemente ligados unos con otros. A la sombra del amor, se producen aún en la actualidad, y se han producido en el pasado, cosas que no resisten la luz del día. Mical está destinada a ser manipulada, siendo más tarde zarandeada de acá para allá sin contemplaciones. Aunque hija de rey, estará a merced de su padre y de su marido.

En el universo del Saúl decadente sólo caben sombríos pensamientos homicidas. Su hijo Jonatán trata de influir sobre su padre actuando como mediador entre él y David. Pero no hay paz para Saúl en ninguna parte. Está obsesionado con David y sólo contempla soluciones cada vez más extremas.

El amor de Mical la mueve a actuar y hace cuanto puede para salvar la vida de su marido: *Saúl envió luego mensajeros a casa de David para que lo vigilasen y lo matasen a la mañana. Pero Mical, su mujer, avisó a David, diciendo: «Si no salvas tu vida esta noche, mañana serás muerto». Y descolgó Mical a David por una ventana; y él se fue, y huyó, y escapó* (1 Samuel 19:11-17).

¿Qué recibe ella a cambio? Probablemente, nada de nada. Mical sólo es para David una realidad que está ahí, nada más. Pasan los años, pero la sequía de sentimientos permanece entre los esposos. A continuación sigue primero un vacío, donde se desarrollarán más tarde la frialdad y el desprecio, como vamos a ver.

¿Cómo iba David a tener tiempo de preocuparse de la relación con su esposa? ¡Hay tantas cosas de las que tiene que ocuparse, él, el célebre vencedor de Goliat y jefe admirado de los ejércitos! Tiene por amigo del alma a Jonatán, hijo de Saúl y hermano de Milca. Se verá forzado a vagabundear en el país de Moab, a vivir en cuevas como un fugitivo, a luchar por su vida. No es posible ocuparse del desarrollo de la relación entre marido y mujer cuando se está sometido a una presión así.

Entre tanto, se cruza en su camino una mujer sabia, llamada Abigail, que va a tratar de cubrir la estupidez y la rudeza de su marido como sólo una mujer sabe hacerlo. *«No haga caso ahora mi señor de ese hombre de Belial, porque conforme a su nombre, así es. Él se llama Nabal, y la insensatez está con él...»* (1 Samuel 25:14-47). Gracias a su sabiduría, Abigail salva la vida al cretino de su marido y a sus criados. Al morir Nabal dos semanas después, David envía a unos criados a buscar a Abigail, y la toma por esposa. David tuvo igualmente a Ahinoam como esposa. Y para complicar aún más las cosas Saúl había acabado casando a Milca con Palti, hijo de Lais. Un enredo de familias recompuestas al estilo de la época, donde los derechos de las mujeres son pisoteados.

David tenía treinta años cuando a la muerte de Saúl se convirtió en rey. Reinará siete años y seis meses sobre Judá en Hebrón, y treinta y tres años sobre todo Israel y Judá. Durante la guerra entre las familias de Saúl y de David, una vez más Milca servirá de peón. David quiere quitársela al hombre a quien había sido dada y recuperarla como esposa. Está claro que aquel hombre quería a Mical, puesto que llora a su partida. Y de nuevo los hilos de su vida se enredan una vez más. Una vez más las intrigas pondrán fin al amor que ella tenía y los hombres le darán de lado.

No me sorprende que, incluso si el rey, el gran héroe, es honrado por sus tropas, no lo sea por su familia. Es lo que se ve claramente cuando sube a Jerusalén, la ciudad de David, llevando la preciosa arca de la alianza de Dios. Entonces esta misma Mical, hija de Saúl y primera esposa de David, mira por la ventana para ver lo que ocurre. Cuando el rey se pone a saltar y a danzar delante del Señor, se dice simplemente que ella lo despreció en su corazón. Las cosas han cambiado mucho desde aquel día cuando nació en su corazón el amor por él. Algo se ha roto definitivamente en su corazón.

Tras la ofrenda de los sacrificios, el pueblo vuelve a casa. Mical se acerca a su marido y le dice lo que realmente piensa: «*¡Cuán honrado ha quedado hoy el rey de Israel, descubriéndose hoy delante de las criadas de sus siervos, como se descubre sin decoro un cualquiera!*» (2 Samuel 6:20).

David se justifica y se percibe con sordina su sentimiento de culpa: Entonces David respondió a Mical: «*Fue delante de Jehová, quien me eligió en preferencia a tu padre y a toda tu casa, para constituirme como príncipe sobre el pueblo de Jehová, sobre Israel. Por tanto, danzaré delante de Jehová. Y aún me haré más vil que esta vez; y seré bajo a tus ojos, pero seré honrado delante de las criadas de quienes has hablado*» (2 Samuel 6:21-23).

Él espiritualiza el asunto cuando se trata de una herida en su relación conyugal. Dice estar limpio delante del Señor y, lo que es aún peor, acusa a la familia de su mujer y, en esto, también me parece estar oyendo a un hombre de hoy. El respeto de sus criadas le importa más que la opinión de su mujer. Más adelante se nos dice con frialdad que Mical no tendrá más hijos hasta el día de su muerte.

Como ocurre tantas veces, la relación y el sufrimiento que ella aporta, quedan como no resueltos. La dicha de la armonía y la comprensión mutua no llegará a nacer y, sin embargo, la vida seguirá. Los corazones del marido y de la mujer no volverán a encontrarse más, y el camino del amor y del menosprecio será recorrido hasta el final.

Cada uno seguirá con su vida; sabemos mucho de la de David, pero Mical se perderá en los laberintos de palacio y del olvido.

Capítulo 14
Betsabé

Forzada y muda

No dice ni una palabra y, sin embargo, «habla». El Levítico nos da algunos elementos complementarios para comprender esta historia.

¿Qué etiqueta podemos ponerle: es ella «forzada», «consentidora» o «aprovechada»? Sea lo que sea, las consecuencias de lo ocurrido son tristes y trágicas. Cuando una mujer vive bajo la autoridad de un hombre conoce el sufrimiento y la irritación. En esta meditación vamos todavía a seguir por un poco de tiempo las relaciones humanas de David, pues él se muestra tan débil como fuerte. En el campo de batalla David era vencedor, pero en lo concerniente a las mujeres era vulnerable.

En el nombre de Betsabé se encuentra la idea de «séptima hija». La primera parte del nombre significa «hija» y un apelativo afectuoso le añade una noción de abundancia y de orgullo. La joven pertenecía a una familia temerosa de Dios, y su padre era uno de los hombres valientes de David.

El capítulo once del segundo libro de Samuel comienza con una presentación detallada del encuentro de David con Betsabé. David ya no es un jovencito, pero eso no le impide mirar, enamorarse y desear. Desde la azotea del palacio su mirada se posa más allá de las murallas, pero también en una hermosa mujer que en ese momento está cumpliendo con la purificación ritual prescrita por Moisés para después del periodo menstrual. «*Cuando la mujer tenga flujo de sangre, y su flujo es en su cuerpo, siete días estará apartada... Cuando sane de su flujo, contará siete días, y después será limpia*» (Levítico 15:19-28).

Puesto que sabemos contar, somos muy conscientes de que en aquel momento ella está en el punto de mayor fecundidad de su ciclo, ya que el óvulo se desprende normalmente catorce días antes de la regla siguiente. Esta prescripción jugó siempre un papel importante en la estrategia de supervivencia del pueblo de la raza judía.

Creo que sería igualmente importante, aún hoy, que la mujer conociera las fases y los periodos de su propio ciclo. De esa manera podría influir ella misma sobre su calidad de vida en cada momento, y no depender de medios mecánicos, de píldoras o de la «ciencia» del «cómo me siento». *Te alabo porque has hecho de mi cuerpo una obra tan sorprendente y maravillosa. Sí, maravillosas son tus obras y mi alma no se cansa de proclamarlas.* Por eso el salmo 139 también anima a las mujeres a aprender a conocerse y a reconocer que, con todos sus ciclos, es una criatura maravillosa.

El comportamiento de David transcurre de forma un poco sorprendente. La ve, se informa sobre ella, la hace traer a su casa, y después de obtener lo que quería, la despacha a su casa. No podemos decir con seguridad que la misma Betsabé no haya sido consentidora ni que la atención dispensada por el rey no le haya halagado en su amor propio como hetea o aumentado sus posibilidades de prosperar.

Pero de todos modos la orden del rey era la voluntad del rey.

Ya que hemos hecho cálculos, el lector no se sorprenderá de saber que Betsabé queda encinta. Y así es como David va a recorrer la vía emprendida, disimulando, mintiendo y enviando finalmente a un hombre a la muerte. Su primer plan, más «inocente», es hacer que el niño pueda ser atribuido a Betsabé y su marido. Sólo que el marido, Urías, no irá a su casa para estar con su mujer, sino que se quedará fuera en su tienda como hacen sus hombres. David tratará incluso de emborracharlo para asegurarse que vaya a su casa. Pero el ardid fracasará y David tendrá que recurrir a medios más expeditivos para disimular lo que hizo. Urías es enviado a primera línea donde, como estaba previsto, muere. David está al corriente de lo ocurrido pero manifiesta una indiferencia fingida enviando un mensajero para que le diga a Joab, jefe de los ejércitos: «*No tengas pesar por esto, porque la espada consume, ora a uno, ora a otro*» (2 Samuel 11:25).

Una mentirijilla sale de nuestra boca para tapar la verdad. Con todo, la verdad no permanecerá oculta.

Betsabé llora a su marido y poco después del periodo de duelo se convierte en la esposa de David y le da un hijo. Solo entonces el entramado empieza realmente a derrumbarse. Un año después, un hombre, Natán, viene junto a David y le muestra como en un espejo quién es él realmente. A pesar de lo que había creído, David no consigue ocultar su serie de pecados. «*¡Tú eres ese hombre!*» (2 Samuel 12:7). David es alcanzado en plena cara.

Esta misma frase la oiremos aún en múltiples ocasiones, cualesquiera que sean la época, la cultura, el país, o las tradiciones. Por diferentes razones. O también puede suceder que el hombre escuche esa misma exclamación sin que nadie la diga en alta voz. Dios tiene sus Natánes, que se aparecen cuando es necesario.

«*Porque tú lo hiciste en secreto; pero yo haré esto delante de todo Israel y a pleno sol*» (2 Samuel 12:12). La acción de Dios les alcanza a los dos, tanto al padre, David, como a Betsabé, la madre. El hijo recién nacido muere. Los actos que cometemos ejercen un impacto también sobre terceros. Se creó una espiral de engaño, de secreto, de vergüenza y de tristeza que sólo el arrepentimiento puede romper.

El punto fuerte de David es el de tener la valentía de arrepentirse de sus actos. No hacen falta explicaciones. Cuando se da cuenta de contra quién, al fin y al cabo, ha pecado, Natán tiene para él un mensaje de misericordia de parte de Dios. Esos sentimientos produjeron el Salmo 51, cuyas palabras nosotros también podemos apropiarnos cuando hace falta.

No hace ninguna falta que hagamos ejercicios de penitencia, basta que el hombre sea lo suficientemente humilde para reconocer su pecado. La senda es muy sencilla.

Betsabé no dice una sola palabra en las páginas de la Biblia. No se nos dice gran cosa de su propio dolor. Los sentimientos de David son mucho más el centro de atención. Una mujer podrá, no obstante, adivinar algo, leer entre líneas.

David sabrá consolar a su mujer, manifestando quizá de esa manera la madurez adquirida en el fuego de la existencia. Pronto nacerá un segundo hijo de esa relación, Salomón, a quien Dios dará el derecho a construir el templo. Este «mimado» de Dios superará desde que nace al héroe de su padre.

Un hijo puede tener la misma estatura que su padre, e incluso superarla. La lucha interior de un hombre no siempre es visible, pero puede ser amarga cuando tome conciencia de sus propios límites.

Betsabé fue admitida entre las mujeres que se encuentran en la genealogía de nuestro Redentor al principio del evangelio de Mateo, donde se la llama «mujer de Urías», un nuevo ejemplo de la paradójica elección de Dios, tal como todavía lo hace hoy.

Escoge a alguien que no es nadie y le confía una misión, mientras que la elección humana habría con más probabilidad recaído en otra parte, buscando mujeres, razas y familias «puras».

Capítulo 15
La joven criada

Pequeña y grande a la vez

Hace tiempo que estoy esperando a esta chiquilla. Vendrá cuando se lo permitan sus labores. La quiero de manera especial.

Sólo se nos dicen de ella algunas palabras en el capítulo cinco del segundo libro de los Reyes. Por tanto, no sabemos prácticamente nada de ella, salvo lo que podemos deducir de su situación como esclava en aquel tiempo. Podemos imaginar sus sentimientos entremezclados de temor cuando, en una incursión enemiga, es llevada en cautividad a un país extranjero. Es verdad que otros miembros de su familia pueden haber sido llevados al mismo lugar y que no esté sola.

Es, pues, la criada de la esposa de Naamán, jefe respetado del ejército del rey de Siria. No sabemos lo que ella pudo vivir antes de llegar a ser la sierva de esta mujer. Puede que las cosas le vayan mejor ahora que antes. ¿Acaso se debe a su aspecto y a su dinamismo el que haya llagado a ser propiedad de la poderosa esposa de un hombre poderoso?

Me hubiera encantado saber un poco más sobre ella. Es tan atrevida y tan llena de fe que, sin duda, habría podido enseñarme muchas otras cosas. Pero, por una u otra razón, en lo que nos concierne, una sola frase ha sido escrita sobre ella, y basándonos en esta frase es que podemos saber algo sobre sus orígenes. Todo indica que su hogar debía de ser un piadoso hogar judío, en el que la fama del profeta de Dios, Eliseo, era bien conocida.

En casa del general Naamán se vivían tiempos convulsos, pues Naamán había contraído la lepra. Aparentemente, se le había tratado con todos los remedios conocidos de su época, pero sin resultado. La última medida disponible era separarlo de los demás y, al final de este camino, le esperaba una muerte difícil, en soledad, pues todos le tendrían asco.

En medio de estas circunstancias, la chiquilla le dice a su ama: «*Si rogara mi señor al profeta que está en Samaria, él lo sanaría de su lepra*» (2 Reyes 5:3). ¡Esto es lo que ella dice y todo lo que se dice sobre ella!

¿Asumió la chiquilla un alto riesgo dando ese mensaje? ¿Hacía quizá tiempo que ella estaba pidiendo permiso para decir algo importante pero se la mandaba callar? ¿Acaso los criados de más edad se burlaban de ella por tratar de hablar con su señora? ¿O bien supo con delicadeza acercarse a ella con un asunto tan doloroso? De todos modos, estaba sometida al poder de otro, anónima, esclava, dedicada a los trabajos más sucios hasta el fin de sus días.

Sorprendentemente, las palabras de la chica son tomadas en serio. Hay que decir que la situación es desesperada, al punto que hasta lo que dice una esclava puede tener valor. Quizá, hay en sus palabras una gravedad tal que impresiona a quienes las oyen. Quizá la fama del hombre extraordinario de Samaria había llegado lejos. En todo caso, la información dada por la chiquilla movió a este hombre tan importante a emprender el camino. Es muy posible que para él haya sido humillante creer que en palabras así podía haber la menor esperanza.

Este hombre que no tenía costumbre de obedecer a otros, tiene que esperar a que el profeta venga humildemente hasta donde él está para orar. Cuando él llegue al anonadamiento, entonces sus criados podrán convencerlo de que acepte otras ideas, e incluso que se someta a las exigencias de Eliseo.

En esta situación crítica, Dios utilizó a los criados. «*Él entonces descendió, y se zambulló siete veces en el Jordán, conforme a la palabra del varón de Dios, y su carne se volvió como la carne de un niño, y quedó limpio*» (2 Reyes 5:14). Esta sanación no se quedará a flor de piel, pues su fe y el objeto de su adoración cambiarán en ese mismo instante. «*De aquí en adelante tu siervo no sacrificará holocausto ni ofrecerá sacrificio a otros dioses, sino a Jehová*» (2 Reyes 5:17).

A continuación de estas palabras, comencé a buscar dónde además se mencionaba a esta joven sirviente. Pasé páginas hacia adelante, hacia atrás... ¿Es cierto que no se dice nada más de ella? ¿No recibió ninguna recompensa por sus consejos, la libertad, o al menos unas palabras de agradecimiento?

Nada se nos dice, pero necesito meditar sola sobre el asunto. Que la vida de la muchacha siga en paz. Pero el hecho mismo de su existencia y su valeroso comportamiento me han aportado grandes verdades. Aunque no tenga nombre, su influencia ha sido inigualable. Diciendo lo que había que decir, en el momento adecuado, a la persona adecuada, ¡ella le proporcionó la salud y la vida!

No sé si alguna vez has tenido la impresión de no ser nadie, de no ser nada, e incluso de no ser de ninguna parte. Yo sí. Toda mi vida, quizá diría yo, pues por una u otra razón me he sentido excluida con facilidad. Alguna otra además de mí, en diferentes etapas de su vida, se habrá sentido pueril, insignificante, gorda, perezosa, incapaz, apática y poco evolucionada.

El matrimonio, el ser madre y la madurez profesional, me han proporcionado muchos recursos positivos, pero, al mismo tiempo, me los han quitado. Ciertamente, me interesaban más los roles en lo que podía comparar mis propios resultados con los de los demás.

Este sentimiento podía aparecer de pronto, y desaparecer con la misma rapidez. A veces tenía celos de otra mujer, otras veces era un sufrimiento existencial que lo inundaba todo. Sé que todas esas impresiones en ninguna manera se correspondían con la realidad, pero para mí eran absolutamente reales.

Los cambios físicos, el ciclo hormonal, las tensiones premenstruales y los años de la menopausia son como olas que arrastran a las mujeres. La vida se compone de mareas altas y bajas y no nos queda otra que aprender a vivir con ellas.

La edad madura abre nuevas ventanas, que pueden permitir que corrientes de aire fresco penetren en el alma. Eso es lo que me ha pasado a mí también.

Sin rebuscar por delante, comencé a mirar de otra forma todo cuanto había vivido y cuanto había sido. Quería conocer la verdad sobre mí misma y comprender mejor mis necesidades. Fue como si el espacio a mi alrededor hubiera comenzado a ensancharse. Yo ya no era «nadie», tenía un nombre.

Comencé a querer a aquella persona que tenía nombre, y especialmente a aquella chiquilla rubia, que cantaba y reflexionaba profundamente. Muchas veces he deseado ir a los lugares predilectos de mi infancia, escuchar lo que decía aquella niña, ver el mundo con sus ojos inocentes. En aquel tiempo yo percibía mucho mejor las maravillas, los detalles y los fenómenos de la naturaleza. Paseaba por el viejo cementerio y respiraba el embriagador olor de las rosas de San Juan. Dejaba correr libremente mi imaginación infantil y lloraba por la suerte de los difuntos como si fueran míos. Hacía de cada paso una aventura.

Deseé con fuerza ser amiga de la chiquilla que había en mí, no tan solo una adulta ajena a ella. Así es como comenzó nuestra aventura juntas, de forma imperceptible.

Sigo mi camino, más feliz conmigo misma que nunca. Nada en mí ha cambiado en esencia, en todo caso no me ha vuelto *más joven*. Mi piel no es tan flexible como cuando era joven, mi porte ha decaído, la fuerza de la gravedad se deja sentir sobre todas las partes de mi cuerpo mucho más que antes, mi pelo se vuelve gris, manchas oscuras han aparecido sobre el dorsal de mis manos, mi diafragma rellena el corsé, un espolón calcáneo ralentiza mis pasos y no hay modo de que me acuerde de los nombres de la gente.

Pero soy más feliz que nunca. Me siento bien conmigo misma, no me aburro de mi propia compañía, mis pensamientos son ricos y fuertes y mi confianza en la verdad de la dirección divina se fortalece día a día. Estoy convencida de lo que decía Tomás de Kempis: la humildad es un camino más seguro hacia Dios que una búsqueda intensa mediante el estudio.

Al trasladar esta verdad a la vida de las mujeres de hoy, quisiera que fuera un estímulo y que les diera ganas de vivir. Nadie es «nadie». Siguiendo el ejemplo de esta joven esclava, tú también puedes hacer algo equivalente. Cualquiera que sea tu situación, tu nivel de instrucción, el oficio de tus padres o tu historia personal, no puedes valer menos que esta joven criada. Si ella recibió como heredad esta misión portadora de sanación, tú también, tal como eres, tienes derecho a misiones especiales.

Es justamente para ti y para mí que se cuenta esta historia y que se menciona a esta chiquilla en las páginas de la Biblia. Para que puedas creer en ti misma, en la dirección de Dios y en una misión a tu medida. Para que no vivas a la sombra de nadie.

Dios sabía que un día una mujer como tú también leería estas palabras. Quizá no seas una gran teóloga, una lectora asidua de la Biblia, que no gastes los bancos de la iglesia o que no tengas un corazón misionero. Eres una mujer completamente normal, llevas años batallando con la cuestión de saber si sirves para algo, si eres válida en lo que sea, si te necesitan para cualquier cosa.

¡Claro que te necesitan! Precisamente allí donde vives tu vida.

No hace falta ir más lejos. El mundo de Dios está bien cerca, puedes entregarte allí, creer en tus propias ideas, y compartirlas con otros. Quién sabe si quizá un día mostrarás tú a alguien una fuente de sanación.

No tienes tú que ser por fuerza esa fuente, pero puedes decir dónde encontrar ayuda.

Capítulo 16
Ester

Tan bella y tan valiente

Cuando ella llegue al pozo, sé que voy a oír hablar de la corte de Persia. Varios pintores, entre ellos Nicolás Poussin y Valentín Lefebvre, la han representado en sus bellos cuadros de los siglos XVII y XVIII. Recorriendo el bello museo de L'Ermitage, en San Petersburgo, me detuve un buen rato en frente de estos cuados y dejé correr mi imaginación.

Ester, cuyo nombre persa significa «estrella de oriente», acostumbraba a ir de niña al modesto pozo de su casa con las demás muchachas. Su nombre judío, Hadasa, significa mirto.

Recuerdo haber observado a una joven Hadasa de hoy en la ciudad de Tiberiades, en Israel. La víspera del sábado había lavado su pelo largo y había salido al balcón para que se le secara. Su abundante y brillante cabellera flotaba en el aire cálido, y se quejaba de que no había modo de secarlo.

Yo, la nórdica del piso de abajo, también me lavé el pelo. Unos minutos en el balcón bastaron para que mi cabello fino quedara completamente seco. Estaba admirada de la hermosa cabellera de Hadasa. Ella me permitió tocarla y acariciarla entre mis dedos. Entonces comprendí las palabras del Cantar de Cantares. Hay en la cabellera de la mujer judía una fuerza incontrolada, con la que ella se puede cubrir.

El libro de Ester es el segundo libro de la Biblia, junto al de Rut, que lleva el nombre de una mujer. Los acontecimientos que se describen en él ocurren dentro de un perímetro limitado y sólo atañen a unos cuantos individuos, aunque sus consecuencias tengan un gran alcance y alcancen a miles de personas, a todo un pueblo. Se ha comparado a Ester con José y con David en cuanto que se levantaron en el momento adecuado, con una misión concreta. No se eligieron ellos a sí mismos, fue Dios quien los escogió, es Dios quien llama al hombre, le lanza el desafío y le da la libertad de elegir responsablemente.

El libro de Ester fue escrito entre el 300 y el 200 a.C. y podemos pensar que su autor conocía con exactitud el modo de vida persa. El libro, de fuerte colorido, está escrito a la manera de una novela griega, y describe la época siguiente al exilio. En tiempos de Nabucodonosor el pueblo de Israel había sido deportado a un país que se extendía desde Irán hasta la India. Vivía sin profetas, sin sacerdotes y sin líderes espirituales.

Al final del exilio, el pueblo obtuvo autorización para regresar a su país en Judea. La mayoría, como cincuenta mil personas, efectivamente volvió. Algunos individuos se quedaron a vivir en diferentes partes del reino –y sus descendientes viven todavía hoy en Irak y en los países vecinos–. Han alcanzado posiciones eminentes, son competentes profesionalmente y sienten que viven seguros. Con todo, el flujo de los que regresan es continuo.

La incorporación del libro de Ester a la Biblia suscitó controversias en su tiempo. Efectivamente, en él el nombre de Dios no se menciona ni una sola vez, pero según el Dr. Mathew Henry «aunque el nombre de Dios no se encuentra en el libro, sus huellas digitales sí que están». Fue posible omitir el nombre de Dios, pero no a Dios mismo. Cuando leemos el libro no podemos evitar pensar en la existencia y en la dirección de Dios. En aquella época, el libro habría tenido que ser aprobado por la censura persa, lo que imponía al texto ciertos requisitos.

Se cuenta que Martín Lutero arrojó el libro de Ester al Elba, porque pensaba que en él había demasiado judaísmo y mucho paganismo.

El lugar central donde ocurren todos los acontecimientos del libro, es el palacio de Susa con sus jardines, sus fuentes y sus surtidores de agua. Se cuenta que Nehemías también visitó el palacio de Susa (Nehemías 1:1). El poderoso rey Jerjes tenía su corte en esa ciudad y el tercer año de su reinado organizó en su hermoso palacio de invierno un banquete para los grandes del reino. Durante seis meses hubo festejos y los tesoros y las riquezas del reino fueron enseñados a todo el mundo. Al mismo tiempo se organizó una expedición de guerra contra Grecia. La batalla en cuestión, una de las más conocidas del mundo, se perdió, pues los griegos vencieron a la poderosa flota del rey de Persia en el estrecho de Salamina en el 480 a.C.

Antes siquiera de que Ester pudiera entrar en escena, las festividades siguen su curso. Tras las fiestas para los altos dignatarios, algunos relieves de la mesa de los funcionarios fueron distribuidos al pueblo y, durante no menos de siete días, se ofreció un banquete a todos los habitantes de la ciudad, grandes y pequeños, en los jardines de palacio.

Se nos corta la respiración leyendo la descripción del cuadro de la fiesta. Hay mármol, nácar, oro y plata. Telas de lino blancas y púrpura sirven de cubierta. Loftus identificó el emplazamiento del palacio en 1852 y en 1884 el francés Dieulafay descubrió los lugares mencionados en el libro de Ester –el patio interior, el patio de fuera, la puerta del rey, el jardín de palacio, e incluso un dado, el «*pur*»–.

Durante el banquete, se servía la bebida en vasos de oro con las más variadas formas, y vale la pena señalar que el rey había dado la orden de que cada cual pudiera beber cuanto quisiera, y que fueran satisfechos los deseos de cada invitado.

Y por primera vez en el texto se hace mención de una mujer, Vasti, que había organizado en paralelo un banquete para las mujeres dentro del palacio. Aún hoy, en determinadas comarcas y según su cultura, los hombres y las mujeres festejan por separado.

El séptimo día, los acontecimientos se precipitan. Jerjes, «*estando el corazón del rey alegre del vino*», llama a la reina, conocida por su belleza, para enseñarla a los príncipes. Ella rehúsa el «honor» irritando con ello a su marido. Realmente ninguna mujer persa habría podido acceder a tal petición, pues ofendía su femineidad. La embriaguez había infringido las reglas más sagradas de la etiqueta oriental.

En su ira, el rey busca ayuda en los sabios conocedores de la ley, pues su orgullo masculino ha sido herido profundamente.

El asunto cobra grandes dimensiones, pues nace un miedo entre los hombres: lo que hacen los grandes es imitado por los pequeños. «*Porque este hecho de la reina llegará a oídos de todas las mujeres, y ellas tendrán en poca estima a sus maridos*» (1:17). El respeto a los hombres tampoco debía darse por sentado en aquella época, pues en el decreto emitido tras el repudio de Vasti leemos: «*Todas las mujeres darán honra a sus maridos, desde el mayor hasta el menor*». El consejo agrada al rey y se envía una carta a todas las provincias redactada en muchas lenguas distintas; su mensaje es sencillo: «*que todo marido fuese señor de su casa*».

Quizá también valdría la pena hoy enviar un mensaje similar a diferentes provincias. En nuestro propio país hay hombres blandos, oprimidos, a quienes no se les oye la voz desde hace tiempo. Es la mujer la que marca el ritmo de la casa. El marido no tiene derecho ni a respirar por sí mismo, de soñar sus propios sueños, o de determinarse a sí mismo como hombre. Son su madre, su mujer y sus compañeros de trabajo quienes lo hacen por él.

Dicho esto, hay como mínimo igual número de mujeres privadas de un sitio propio y de su derecho a la existencia. Hay casos en los que el matrimonio es una relación de subordinación, pacífica, en el que cada uno representa un rol bien conocido. Sólo cuando uno de los dos se niega a obedecer se produce el enfrentamiento, como sucedió en el palacio de Susa.

En la casa de Jerjes, cambia la escena para dar paso a Ester. La búsqueda de una nueva reina comienza, y se procede a reunir a las candidatas procedentes de todas las provincias de este inmenso reino. Pero ocurre que Ester vive muy cerca. En Susa habían permanecido algunos judíos después que muchos volvieran a su país. Su trabajo y sus condiciones de vida eran aparentemente estables, y no había razón alguna para que se fueran a ninguna parte.

En la ciudad vive también un judío llamado Mardoqueo, «*Y había criado a Hadasa, es decir, a Ester, hija de su tío, porque era huérfana; y la joven era de hermosa figura y de buen parecer. Cuando su padre y su madre murieron, Mardoqueo la adoptó como hija suya*» (Ester 2:7).

Ester se encuentra bajo la protección del guarda del harem. Goza claramente de sus favores, ya que se preparan con rapidez tratamientos de belleza para ella, y se le asigna su subsistencia y sus propias criadas. En medio de todo esto, mantiene en secreto sus orígenes, pues su padre adoptivo, con una sabiduría paterna, le ha prohibido hablar de ello. De hecho, incluso en condiciones de estabilidad, siempre es peligroso ser judío, por el riesgo de discriminación y, en el peor de los casos, de muerte.

Ester se calla durante, como mínimo, un año, y durante ese año sigue un programa de tratamientos muy variados: durante los primeros seis meses con aceite de mirra, y durante los seis meses siguientes con aceites aromáticos y otros. ¡No fue un intrascendente fin de semana en el que una se deja mimar en un establecimiento de talasoterapia!

Cuando yo era joven y crecía en la fe, se pasaba por encima de este pasaje, pues en esa época cualquier tipo de adorno, zarcillos incluidos, se veía como pecado. La separación del mundo tenía que verse por fuera.

¿Qué es único en Ester que hace que todos parezcan enamorarse de ella? ¿Su carácter, su seguridad, su sabiduría, además de su dulzura? Esa seguridad que aún hoy en día se ve en la mujer judía.

Me acuerdo de un incidente de hace unos años con un peluquero armenio en Jerusalén. Estaba allí para hacerme una permanente, y yo trataba insistentemente de explicarle al hombre de pelo rizado que había que tener cuidado con los productos cuando le metiera mano a mi delicado pelo nórdico. El hombre se echó a reír y me garantizó la mejor permanente de mi vida. Con el corazón lleno de dudas, me senté en el sillón orando por mi pelo.

Mi propia cabeza salió bien del proceso, pero recibí una excelente lección observando a las otras clientes. Como por encantamiento, un magnífico peinado apareció sobre la cabeza de una mujer de pelo negro. La miré de reojo por el espejo. No parecía tener prisa para ir a ninguna parte. Se contemplaba a sí misma, paseando de un lado para otro, y haciendo flotar sus cabellos mientras se miraba en el espejo con una sonrisa en los labios.

Estaba claro que estaba contenta con su apariencia y de ser lo que era. No era ninguna belleza, pero su porte seguro la hacía alguien única y equilibrada. Después de admirarse durante un rato, pagó y se fue.

Me quedé pensando, en el secador. ¿Cómo nos comportamos, yo y mis hermanas finlandesas, cuando salimos de la peluquería? Echamos una ojeada rápida al espejo que nos acercan por detrás, pagamos y salimos corriendo. Cuando ya nadie nos ve, sacamos un espejito del bolso, miramos nuestra imagen y tratamos con desesperación de ahuecar el pelo mientras murmuramos: ¡vaya, esto no es lo que yo lo quería!

¿Dónde está la alegría y la satisfacción de vernos más guapas nosotras mismas? ¿Quién dentro de mí me manda rebajar lo que soy y mi potencial si se me aplicara un tratamiento de belleza? ¿Es Dios el que recrimina y nos exige ser «naturales», lo que para muchos quiere decir parecerse a un ratón gris en el que nadie se fija?

Ester se hace más apetecible al rey que las demás mujeres. Es coronada reina en lugar de Vasti, y sabemos que se celebraron unas grandes bodas, dos años después de las muy conocidas batallas de las Termópilas y Salamina. Un ejército de cinco millones de hombres sufrió entonces una terrible derrota.

Se cuenta además que al mismo tiempo Mardoqueo entra al servicio del palacio. La joven reina obedece el consejo de su padre adoptivo de no decir nada respecto de su origen. La joven pone su confianza plena en su tío, aunque ella misma haya sido elevada a una alta dignidad.

La intriga se acrecienta en el libro de Ester cuando en unos cuantos versículos se hace mención de un complot contra el rey. Ester es la persona clave, pues Mardoqueo descubre el asunto y se lo cuenta. Se investiga el asunto, los conjurados son ahorcados y todo queda escrito en las Crónicas del rey.

He oído a muchos a quienes no les gustan demasiado las Crónicas. Cuando el lector comienza a leer la Biblia por ahí, no sorprende que no entienda gran cosa de la palabra de Dios. No obstante, las Crónicas tuvieron, y tienen todavía, una gran importancia en la historia del pueblo judío. Esto se verá más adelante en el libro de Ester.

Ester no podía imaginar lo que le iba a suceder pronto debido a su posición como reina. En eso, en lo más alto del estado se producen cambios importantes cuando un hombre llamado Amán es ascendido a un rango más elevado que el de los demás príncipes. En consecuencia muchas otras cosas empiezan a cambiar.

Puede ocurrir que un ascenso profesional rápido haga perder a algunos el sentido de la realidad. Es lo que le sucederá a Amán. Exigirá ser honrado a costa de la humillación de otros. Tendrán que inclinarse y arrodillarse delante de él hasta besar el suelo.

También hoy la personalidad de cada cual se manifiesta en el ejercicio del poder.

Ahora bien, en el patio del palacio hay alguien que no le hace el juego a Amán. Mardoqueo no puede arrodillarse más que delante de Dios. Para Amán esta actitud diferente es una muestra de obstinación y de orgullo que hay que aplastar. Al conocer la razón por la que Mardoqueo se comporta de esa manera, siente nacer en él odio contra todo el pueblo que este representa.

Y vio Amán que Mardoqueo ni se arrodillaba ni se humillaba delante de él; y se llenó de ira. Pero tuvo en poco poner mano en Mardoqueo solamente, pues ya le habían declarado cuál era el pueblo de Mardoqueo; y procuró Amán destruir a todos los judíos que había en el reino de Asuero, al pueblo de Mardoqueo (Ester 3:5-6).

La ira contra un solo hombre va a extenderse contra todo un pueblo. La joven reina vive en su palacio sin saber que una amenaza se esconde cerca de ella.

No sabe que sobre la orden de Amán se va a echar el *Pur*, es decir, la suerte, que permitirá fijar el día en el que se hará perecer a los judíos, a saber, el 13 del mes de Adar. La idea que fundamenta este exterminio se mantiene actualmente en relación con los judíos. «*Hay un pueblo esparcido y distribuido entre los pueblos de todas las provincias de tu reino, y sus leyes son diferentes de las de todo pueblo, y no guardan las leyes del rey, y al rey nada le beneficia el dejarlos vivir*» (Ester 3:8).

Más tarde, habrá un hombre que será traicionado por treinta monedas de plata. En el tiempo de Ester, el precio del rescate de todo un pueblo es de diez mil talentos de plata. Amán consigue promulgar un decreto según el cual todos los judíos, jóvenes y viejos, mujeres y niños, deben ser exterminados, degollados y aniquilados en un solo día. Se publica una copia de este decreto en forma de ley, se envía el texto a cada pueblo en su lengua y se despachan a prisa correos a todos los rincones de este vasto imperio.

Una vez tomada la decisión, los dirigentes se dedican a beber con toda tranquilidad, dejando consternados a unos ciudadanos que han vivido en buena armonía con sus vecinos. Ahora se les obliga a levantarse unos contra otros. *Y el rey y Amán se sentaron a beber, pero la ciudad de Susa estaba consternada* (Ester 3:15).

El tiempo de Ester ha llegado. La obra ha llegado al momento en el que el personaje principal va a poder entrar en escena. El momento culminante del drama se acerca, y la intriga va a ser desvelada verdaderamente.

Ester oye hablar del comportamiento extraño de Mardoqueo. Se ha vestido de saco y lanza alaridos mientras camina. Ayuna con los de su raza. Ester se asusta y le manda unas ropas. ¿Adivina algo la joven reina? Lleva una vida protegida, apartada del día a día de la gente común, pero su corazón sigue siendo judío. Por medio de una criada, Mardoqueo hace llegar a la reina una copia del decreto que ordena la destrucción de los judíos.

Ha llegado el momento de que la reina revele cuáles son sus orígenes. Mardoqueo ruega a Ester que acuda al rey para implorar su gracia a favor de su pueblo. Nadie más podría hacerlo. Ester se niega, pues ni siquiera la reina puede, sin alternativa posible, comparecer ante el rey si antes no ha sido invitada. Y hace un mes que no ha sido invitada a su presencia. Se arriesga incluso a morir pues «*cualquier hombre o mujer que entra al patio interior para ver al rey, sin ser llamado, una sola ley hay respecto a él: ha de morir, salvo aquel a quien el rey extienda el cetro de oro, el cual vivirá*» (Ester 4:11).

Maerdoqueo le contesta con brusquedad. Ahora se trata de la dura realidad. «*No te imagines que por estar en la casa del rey te vas a librar tú sola más que cualquier otro judío. Porque si callas absolutamente en este tiempo, vendrá de alguna otra parte respiro y liberación para los judíos; mas tú y la casa de tu padre pereceréis. ¿Y quién sabe si para una ocasión como ésta has llegado a ser reina?*» (Ester 4:13-14).

De pronto, Ester cae de su pedestal real y se ve forzada a preguntarse quién es ella en realidad. Así ha sido siempre para los judíos. ¿Acaso hay siempre ante ellos una especie de frontera que no pueden traspasar? Ejemplo de ello es una de mis amigas, ya anciana, la concertista de piano Nina, que pudiendo participar en los más prestigiosos conciertos de su país, se vio impedida porque en su pasaporte aparece la palabra «judía».

El grito desesperado de Mardoqueo abre los ojos de Ester. Aparece un nuevo rasgo de su carácter, la valentía de sacrificarse a sí misma. No retrocede, y aún bajo amenaza de muerte decide acudir al rey, previo ayuno de tres días. «*Si he de morir, moriré*», dice. «*Si perezco, que perezca*», dice la traducción RV de manera más dramática todavía.

El lector aguanta la respiración esperando ver lo que será de ella. Se reviste de sus ropajes reales y se acerca al rey. *Y cuando vio a la reina Ester que estaba en el patio, ella obtuvo gracia ante sus ojos, y el rey extendió a Ester el cetro de oro que tenía en la mano. Entonces se acercó Ester y tocó la punta del cetro. Dijo el rey: «¿Qué tienes, reina Ester, y cuál es tu petición? Hasta la mitad del reino se te dará*» (Ester 5:2-3).

Ester no sólo es valiente, también es sabia e inteligentemente sagaz como lo serán muchas otras mujeres después de ella para salvar vidas.

El capítulo cinco cuenta cómo se desarrolla en la práctica la sabiduría de Ester. Aunque esté muy angustiada y el rey le prometa darle todo lo que su reina le pida, ella no va a desvelar cuál es su pesar. Un asunto tan importante tiene que prepararse bien. Excelente idea la del banquete, y Amán también recibe una invitación, lo que hace que se sienta más seguro al ser invitado, aunque la actitud obstinada de Mardoqueo lo ensombrece y no para de irritarlo.

Y añadió Amán: «Asimismo la reina Ester a ninguno ha hecho venir con el rey al banquete que ella dispuso, sino a mí; y también para mañana estoy convidado por ella con el rey. Pero todo esto de nada me sirve cada vez que veo al judío Mardoqueo sentado a la puerta del rey» (Ester 5:12-13).

En su casa, alardea del favor de la reina y hace gala de sus riquezas y de su posición. Su mujer y sus amigos le animan a resolver el problema que ensombrece su alegría levantando en el patio una horca para Mardoqueo.

En medio de este relato y de esta secuencia rápida de acontecimientos, rebobinamos un momento. Vemos aquí ponerse de manifiesto la gran importancia del libro de las Crónicas. En él estaba escrito cómo se descubrió un complot urdido contra el rey. En una noche de insomnio, de manera imprevista, el rey desea saber qué se ha escrito. Se descubre entonces que quien salvó la vida del rey no había recibido reconocimiento alguno por lo que había hecho.

Nos da la impresión que Dios interviene en el desarrollo de los acontecimientos en el último minuto, aunque se trate de la suerte de su propio pueblo. Cuando la partida parece perdida, llega la ayuda.

Leyendo el capítulo seis, una no sabe si llorar o reír. Amán llega al palacio para hablar con el rey del ahorcamiento de Mardoqueo en el patíbulo preparado al efecto. No sabe nada de los pensamientos nocturnos del rey. Por otro lado, el rey ignora las razones que han llevado a Amán a odiar a los judíos. En eso pregunta a Amán de qué modo se podría recompensar a un hombre que le ha salvado la vida.

Amán tiene la ceguera del que empieza a estar borracho. Piensa en todas las marcas honoríficas que desearía para sí mismo, pues cree que a él van destinadas. Pero, ¿qué ocurre? El rey le pide que ejecute cuanto le ha sugerido al pie de la letra, pero el beneficiario será Mardoqueo, aquel al que odia.

¡Qué fracaso para un hombre tan seguro de sí mismo! Humillado, corre a su casa y lo que le dicen su mujer y sus amigos expresa un presagio fatal:

«Si de la descendencia de los judíos es ese Mardoqueo, delante de quien has comenzado a caer, no lo vencerás, sino que caerás por cierto delante de él».

Amán no tiene tiempo de meditar mejor las palabras de sus amigos pues le espera el banquete de Ester. Este es distinto del anterior.

No hay ningún motivo festivo, pues la reina descubre la verdad: «*Oh rey, si he hallado gracia en tus ojos y si al rey le place, séame dada vida, ésta es mi petición; y la de mi pueblo: éste es mi deseo. Porque hemos sido vendidos, yo y mi pueblo, para ser destruidos, para ser muertos y exterminados*» (Ester 7:3-4).

Ahora parece que al rey también le amenace. ¿Quién ha imaginado semejante destrucción? Este mismo Amán, uno de los hombres de confianza del rey, cuya influencia era cada vez más grande, por cuyo consejo el rey había tomado una decisión importante, habiendo incluso provisto el dinero para su ejecución. No es sorprendente que el rey, montando en cólera, abandone el banquete.

Amán trata de aprovecharse de la situación para suplicar a la reina judía que se apiade de él. Pero a los ojos del rey más bien parece que hace violencia a la reina, y en un relámpago se le vela el rostro. La horca preparada para Mardoqueo recibe como cliente a Amán, el mismo que la hizo levantar. ¡Qué rápido se desvanecen los honores del mundo y la posición adquirida por medios injustos!

En revancha, Mardoqueo es enaltecido. El que ayunó y se vistió de saco, recibe en su dedo el sello real. No obstante el problema de los judíos no está resuelto aún. La orden que había sido dada no puede ser abolida, aunque lo pida Ester y el rey esté a su favor.

Cada instante los acerca más al fatídico día décimo tercero, el día de la aniquilación total. Hay, sin embargo, una forma de rodear el problema. El rey ordena a Mardoqueo que los escribas redacten un nuevo decreto según el cual los judíos tendrán derecho a defenderse cuando la amenaza de muerte se cierna sobre sus casas. Eso es lo que harán con todas sus fuerzas.

El día trece del mes de Adar será la primera fiesta de Purim de todos los tiempos, fiesta que los judíos celebran todavía en nuestros días en el mundo entero. Tradicionalmente se cuenta la historia real y los orígenes de sus protagonistas. La fiesta es un día nacional de acción de gracias, y se vive en una atmósfera de carnaval por las calles, en las escuelas, en las casas y en las sinagogas. Hay vacaciones escolares y los niños, con máscaras y disfraces invaden las calles de las ciudades. Se ven muchas guapas *Ester*, y todavía se aplaude a Mardoqueo.

Cuando se lee el libro de Ester en la sinagoga con ocasión de la fiesta de Purim y se menciona a Amán, la asamblea corea «¡desaparezca su nombre!». Al mismo tiempo los chavales rompen piedras y trozos de madera en los que está escrito el nombre de Amán. También existe la costumbre de comer pasteles llamados «orejas de Amán».

En aquella ocasión el pueblo se salvó, por eso se pueden hacer regalos a los amigos e incluso a los paganos. El recuerdo de Ester, que reinó durante trece años, ha sido transmitido de generación en generación hasta nuestros días. El casamiento de Ester con el célebre monarca de Persia permite a los judíos tener suficiente influencia en la corte y posibilitó la reconstrucción de Jerusalén (Nehemías 2:1-8).

El palacio de Persépolis, donde presumiblemente Ester pasó gran parte de su tiempo, ha sido descubierto. El mismo Alejandro el Grande incendió la ciudad en el 331 a.C. quedando después sepultada en la arena. En 1930, un centro de estudios americano recibió la autorización del gobierno persa para hacer excavaciones y encontrar el palacio y restaurarlo en la medida de lo posible. El espectáculo es impresionante. Los cimientos del palacio tienen una altura de quince metros, con una superficie aproximada de una hectárea, y debajo una importante red de canalizaciones por las que se puede pasear en nuestros días.

Las paredes del palacio están llenas de grabados, de bajorrelieves y de magníficas esculturas. Algunos de estos tesoros artísticos se encuentran en París, en dos grandes salas del Museo del Louvre. Fueron descubiertos en la arena y la grava y están muy bien conservados, e igual de bellos que en tiempos de la reina Ester, cuando ella recorría los pasillos contemplándolos. Estos elementos materiales aportan a la historia una luz que, me parece a mí, hace que parezca más real y más interesante para las gentes de hoy.

Me gusta hojear, leer y meditar el libro de Ester. ¿Quién de nosotras podría identificarse con su destino? ¿Quién sería tan hermosa como para ser escogida para tal honor? ¿Cómo es posible que algo tan extraordinario le «caiga» encima? ¿Por qué Ester no fue una más de la mayoría de sus compatriotas que regresaron a su país? Habría evitado así pasar por esta dura experiencia. ¿Por qué escogió Dios a una joven para salvar a su pueblo? ¿No habría podido encontrar hombres fuertes para una misión tan peligrosa? ¿Acaso la sabiduría y la delicadeza de una mujer eran más necesarias que la fuerza?

En cada una de nosotras hay, de una u otra forma, una parte de Ester. Hay quien conocerá la condición familiar de ser huérfana, otra sabrá lo que es ser parte de una minoría.

No fue Ester quien buscó la dignidad real por sí misma, sino que fue por culpa de otra mujer, la reina Vasti, que se abrió el camino. Le esperaba una misión inmensa. Una misión que incluía tanto la gloria como el peligro de muerte.

Por otro lado, no habría habido problema de no aparecer este hombre diferente a los demás, si el judío Mardoqueo no hubiera seguido la voz de su conciencia. Al cruzarse con Amán en el patio de palacio, hubiera podido arrodillarse como los demás. Después de todo ¿tanto se habría ofendido Dios?

Ester se enfrentó a una peligrosa misión a favor de la gente de su pueblo y de su familia. Es de nuestro entorno próximo de donde vienen nuestros desafíos y amenazas más grandes. Se nos exige una rectitud que puede costarnos cara. A veces mi propia vida será puesta en peligro.

Las palabras: «*¿Y quién sabe si para esta hora has llegado a ser reina?*», son palabras fuertes para la mujer de hoy. Para ti, que te extrañas de tu situación, este mensaje traspasa los milenios. Quizá tú también estás comprometida con una misión en la que eres la «mejor colocada» para llevarla a cabo. Quizá has sido zarandeada de acá para allá, y tu corazón está turbado. ¿Qué va a pasar con todo esto? ¿Por qué yo? ¿Por qué no yo? ¿Seré capaz de salir del aprieto yo sola?

Ideas de este tipo eran las que bullían en mi cabeza hace bastantes años, cuando intentábamos mudarnos a Israel a causa de las responsabilidades de mi marido como pastor en la ONU. Siendo madre de tres hijos, buscaba la dirección de Dios en medio de aquella situación. Solo había una alternativa, o ir con él y permanecer juntos, o que él se fuera y quedarme sola.

En medio de mis pensamientos, una amiga me dio una frase del libro de Ester que decía, según una traducción antigua: «Quién sabe si es justamente por esta razón que has llegado a ser reina». Aquello me ayudó a dar un nuevo paso y partir. Quién sabe... ya veremos lo que va a pasar. Cada cosa tiene su porqué. El sentido de esta frase se vio de distintos modos día tras día. Verdaderamente, yo estaba en el lugar adecuado, en el momento adecuado, tanto para mí como para los demás.

Capítulo 17

La mujer de Job

No entiendo nada

Estoy esperando que la mujer de Job llegue al pozo.

Como tengo prejuicios, trato de convencerme de que ella no es en verdad más mala que las demás mujeres que no pueden soportar más el sufrimiento de sus maridos. Mujeres como ella, las hay en todas las generaciones, en todos los pueblos, en todas las ciudades. Una mujer no puede nunca comprender totalmente por lo que pasa su marido. Sólo puede ser espectadora, aunque tenga ganas de ayudarlo.

A Job se le dedica un libro entero, y el poeta inglés Tennyson dijo de él que era «el mayor poema de la literatura antigua y moderna». Sea lo que sea, este hombre es virtuoso y recto, y teme a Dios. Con todo, vemos cumplirse en él de manera sobresaliente el pensamiento de la Dra. Henrietta Mears según la cual se permite que los justos sufran para que en primer lugar aprendan a conocerse a sí mismos.

Job y su mujer tenían siete hijos y tres hijas, y mucho ganado y criados en abundancia. Parece que los hijos se llevaban bien entre sí, se narra que festejaban y comían juntos con frecuencia.

Además, tras las fiestas, su corazón paterno presentaba a sus hijos al Señor en oración. *Y cuando había pasado en turno los días del convite, Job les mandaba llamar para purificarlos, y se levantaba de mañana y ofrecía holocaustos conforme al número de todos ellos. Porque decía Job: «Quizá habrán pecado mis hijos y habrán maldecido a Dios en sus corazones». De esta manera hacía cada vez* (Job 1:5). *¡Qué padre tan raro!*

Cuando las primeras pruebas caen sobre la familia y los hijos perecen, la actitud de Job culmina con una declaración de fe: *«Jehová me lo dio, y Jehová me lo quitó: ¡Sea bendito el nombre de Jehová!»* (Job 1:21). ¿Quién puede medir su dolor al serle arrebatados los diez hijos que engendró, cuyo desarrollo había seguido desde la infancia hasta hacerse mayores? Las madres que han perdido a sus hijos en la guerra conocen bien lo que se siente.

Aunque las duras pruebas impuestas por Satanás tengan como blanco a Job, en ninguna manera su mujer se queda simplemente al margen. Ella pierde su confianza en su marido y en su Dios. Puedo comprender, en cierta manera, lo que dice mientras Job se rasca sus yagas con una teja: «*¿Aún persistes en tu integridad? ¡Maldice a Dios y muérete!*» (Job 2:9). No puede contentarse callada y mirando. El sufrimiento también la ha alcanzado a ella, su corazón de mujer está roto. Su vida se ve invadida por sentimientos de odio, de pesar, de miedo –hace tiempo que ya no conoce la alegría–.

La esposa no pronuncia más que unas diez palabras, todas ellas duras.

La fe del esposo no es transmisible al corazón de la esposa. «*Hablas como suele hablar cualquiera de las mujeres fatuas. ¿Qué? ¿Aceptaremos de Dios el bien, y el mal no lo aceptaremos?*». Sí, Job maldice el día en que nació, pero no a su Dios.

A Job le quedaban cuatro amigos: Elifaz, el educado, Bildad, el polemista, el cretino de Zofar, y el joven Eliú. Consiguen guardar silencio durante siete días antes de abrir su baúl lleno de palabras y empezar a dar cada uno sus consejos a Job. Parecen conocer la verdad, y tienen respuestas bien dispuestas para cada pregunta. Job se pone a la defensiva. Ve la fragilidad de sus dichos, mientras que «*la mano de Dios pesa gravemente sobre la cabeza del hombre*».

En su sexto alegato, Job detalla lo que siente cuando se ve rechazado por sus reproches: «*Mi aliento le repugna a mi mujer, y fétido soy a los hijos de mi propia madre*» (Job 19:17). Cuando el aliento huele mal, nadie se acerca mucho. Ni siquiera los familiares.

La mujer de Job se aparta estremeciéndose de asco. Quizá no le queden fuerzas para comprender lo que dice su marido: «*Pero yo sé que mi Redentor vive, y al fin se levantará sobre el polvo, y después de deshecha esta mi piel, en mi carne he de ver de nuevo a Dios; al cual veré por mí mismo; mis ojos lo verán, y no los de otro, aunque mi corazón desfallece dentro de mí*» (Job 19:25-27).

En los tiempos difíciles, los golpes que nos propinan aquellos que nos son más queridos son sin duda los más difíciles de soportar. Miqueas 7:5-6 lo expresa así: «*No creáis en el amigo, ni confiéis en el compañero; de la que duerme a tu lado cuídate, no abras tu boca. Porque el hijo deshonra al padre, la hija se levanta contra la madre, la nuera contra su suegra, y los enemigos del hombre son los de su casa*». El mismo pensamiento está en el Nuevo Testamento, en el evangelio de Mateo (cp. 10, v. 36).

Una vez llena la copa de la aflicción, y que los amigos acaban con sus proclamas, le toca a Dios decir lo suyo. El Señor plantea más de sesenta preguntas a Job y demuestra que él es el Creador todopoderoso. En cuanto Job se acerca a Dios se olvida de la argumentación que ha preparado. Él no puede combatir contra Dios. Su fe alcanza una dimensión totalmente nueva: «*De oídas te conocía, mas ahora mis ojos te ven*».

¿Qué habrá podido pensar la mujer de Job escuchando esta conversación? De cualquier modo, ella también conoció años de abundantes bendiciones tras los tiempos de prueba. Se nos cuenta que tuvieron siete hijos y tres hijas de las que se dice que eran las mujeres más hermosas del país.

Aunque el nombre de la mujer de Job no se mencione en absoluto, sus hijas tienen nombres muy bonitos: Jemima (Paloma), Quesia (Flor de canela) y Kerén-hapuc (Pomo de maquillaje para los párpados).

Job vivió otros ciento cuarenta años después de estos hechos y murió saciado de días rodeado de su numerosa descendencia.

¿Qué pasó con la mujer de Job? ¿Moriría enriquecida por lo que había vivido, o atormentada por los recuerdos? ¿Acabaría comprendiendo la sabiduría que C. H. Spurgeon expresó así: «Cuando Dios mete a sus hijos en el horno ardiente, él mismo está allí con ellos».

Me atrevo a pensar que incluso el corazón de la mujer de Job fue restaurado.

Capítulo 18
Marta y María

Prohibido comparar

Es fácil suponer que las dos hermanas van a llegar al mismo tiempo. Pero no será así, pues una anda con un paso más despierto, mientras que la otra se va parando aquí y allá a lo largo del camino. El ritmo de una es rápido, el de la otra pausado. Una pasea su mirada por todas partes, la otra consigue concentrarse en algunos puntos concretos a la vez.

Las relaciones entre las dos hermanas suscitan sentimientos entremezclados. Nos enseñan en todo caso todo tipo de cosas, sea la tolerancia y la igualdad como el respeto a la diferencia.

Por una u otra razón, Jesús y sus discípulos habían encontrado acomodo en esta casa de Betania. Sus puertas estaban siempre abiertas a los amigos y a los forasteros. ¿Habían heredado el sentido de la hospitalidad? Parece cierto que los hermanos disponían de una vivienda espaciosa, bien situada en un lugar estupendo, junto a una vía transitada.

Aparentemente, Marta era la mayor y se ocupaba de las responsabilidades de la familia y los trabajos del hogar. Se ha llegado a suponer que fuera viuda, pues una mujer sola apenas habría tenido los medios ni el espacio para recibir invitados. ¿Cuál podía ser la situación del hermano, Lázaro, para que viviera con sus hermanas?

Las capacidades de Marta como ama de casa y como cocinera merecen nuestra atención. Ella sabía crear un marco agradable y era buena cocinera. ¿Me he preguntado además si Jesús habría escogido esta casa de haber estado María en los fogones? Quizá los panes y el pescado no habrían estado tan sabrosos como los preparados por las manos de Marta.

El hecho de que Jesús y sus discípulos a menudo y gustosamente vinieran de visita a esta casa nos dice que apreciaban el buen hacer de Marta. Seguro que ella lo sabía sin que nadie se lo dijera. Estas mujeres de repostería exitosa y buena mano con las plantas saben bien cuál es su punto fuerte. Gracias a ellas las tareas domésticas se hacen, la masa leuda, los gratinados y las salsas salen perfectos. El puré de patas no tiene grumos, la crema está suave como el terciopelo.

La madre espiritual de etas mujeres bien podría ser Marta, la misma que sería llevada por Jesús a cuestionarse su uso del tiempo y de sus prioridades. En su vida se cumple el pensamiento de Estanislao de Kostka: «Yo encuentro el cielo en medio de los pucheros y las escobas».

Igual que Marta y María, cada cual tiene sus puntos débiles y sus puntos fuertes. Cuando llegan los invitados, Marta se ve desbordada por el trabajo, para que los hombres, fuertes, tengan algo que llevarse a la boca. Ella sirve con las capacidades que tiene. Como contrapartida, desde la llegada de los invitados, María va a sentarse a los pies del Señor. Para ella ni el hambre de los recién llegados ni el comer juntos tiene importancia frente a lo que recibirá escuchando a su Maestro. Su don, ser alguien que sabe escuchar, anima por otro lado a los demás a hablar más.

Marta, por su parte, oía quizá una palabra por aquí, otra por allá, mientras se afanaba. Seguramente ella también se habría sentado gustosa un momento, pero entonces ¿quién habría puesto la comida en la mesa? Quizá los hombres habrían estado igualmente contentos incluso si ella no se hubiera esmerado tanto. Todo no tenía por qué estar perfecto. No obstante, la comunión en torno a la comida era con todo algo importante en aquella cultura y aún lo sigue siendo hoy.

Los numerosos encuentros referidos entre Jesús y los hermanos de Betania subrayan la igualdad entre los diferentes temperamentos y la importancia del equilibrio interior en la vida humana. «*Marta, Marta, estás preocupada y acongojada con muchas cosas. Pero sólo una cosa es necesaria, y María ha escogido la parte buena, la cual no le será quitada*» (Lucas 10:38-42). Sólo una vez en la Biblia se repite así el nombre de una persona, y justamente es el de Marta.

Jesús sabe de qué está hablando y ve lo difícil que es para el ser humano despejar el camino de obstáculos para poder oír su voz. En el sermón de la montaña Jesús dice lo mismo de esta manera: «*Así que no os afanéis por el día de mañana, porque el día de mañana traerá su propia inquietud. Le basta a cada día su propio mal*» (Mateo 6:34).

También nosotras podemos refugiarnos en nuestras faenas de la cocina y en los programas dedicados a las buenas recetas y evitar oír así esa voz interior que nos confronta. El escapismo se da tanto en la cocina como en el garaje, sin olvidar el entretenimiento de la televisión.

De manera atípica, María escogió la mejor parte, es decir, se concentra en escuchar las palabras de Jesús y contemplar su rostro. Para algunas de nosotras más que para otras, es por naturaleza fácil quedarnos tranquilas y olvidar el mundo de afuera. Si no se es especialmente buena cocinera no se le pone interés y una no se preocupa por esas cosas.

María fue malinterpretada, debido a su apacible calma, sus anhelos y su servicio. Verdaderamente, en todo aquello había algo que los demás no entendían y no supieron valorar. Por eso fue criticada.

Al dirigirse a Marta, Jesús da a entender que toma posición a favor de la que es incomprendida, pero sin estar contra nadie. Al ser María el blanco de las acusaciones, aun estando estas justificadas según el punto de vista de Marta, Jesús se pone de parte de la acusada, que le es fiel, pues considera sus puntos fuertes. María oye como se le dice que está en el lugar adecuado y en el momento adecuado, aunque para Marta parecía estar en el lugar equivocado, en el momento equivocado.

«¡Qué va a ser de esta muchacha!», aún suspiran hoy madres con hijas como María. Se olvida de la carpeta en casa de su amiga, no siempre es consciente de que tiene que hacer sus deberes, su mirada está en las nubes bonancibles que pasan, sus pensamientos parecen estar bien lejos. Siempre habrá Marías soñadoras entre nosotros, dejémoslas en paz. No les quitemos la mejor parte, pues tienen algo que decirnos a las demás. Conocen el camino que lleva a la fuente del sosiego y pueden llevarnos allí con ellas.

Las pequeñas Marta se reconocen desde el cochecito. Sus ojos examinan con avidez el mundo que les rodea, extienden sus manos y dejan oír su voz. Estas niñitas son emprendedoras desde la guardería. Toman las riendas en sus manos fácilmente, y sacuden a las más calladitas, siendo rápidamente identificadas como ayudadoras por los responsables. Hacen sus figuras de plastilina en un santiamén.

En cuanto al hermano, no se nos dice gran cosa. Cuando muere, los amigos se acercan para consolar a las dos hermanas. Cuando por fin Jesús llega al pueblo, el velatorio está a tope. Marta no puede aguantarse y se lanza a su encuentro. La pena le quema en su corazón, y también la pregunta ¿por qué no ha venido antes? –¡con lo buenos amigos que eran!–. No pudiendo Marta ocultar su decepción dice: «*Señor, si hubieses estado aquí, mi hermano no habría muerto*». Manifiesta una confianza plena en el poder de Jesús, pero esa confianza ¿es acaso ya inútil?

Es precisamente entonces que encontramos escritas estas maravillosas palabras de Jesús. El contexto de tiempo y lugar es el de la pérdida de un amigo querido y de un gran dolor. Sus palabras se dirigen a Marta: «*Yo soy la resurrección y la vida; el que cree en mí, aunque haya muerto, vivirá. Y todo aquel que vive y cree en mí, no morirá eternamente. ¿Crees esto?*» (Jn 11:25-26).

Y ahí surge la declaración de fe de Marta, sencillísima: «*Sí, Señor; yo he creído que tú eres el Cristo, el Hijo de Dios, que has venido al mundo*». Antes de esta confesión de fe hubo una importante conversación entre Jesús y Marta; Jesús mismo la ayuda a decir en qué cree en realidad.

Tras confesar su fe, Marta se da prisa por ir a decirle a su hermana que Jesús ha llegado. María está sentada en su casa. Su duelo lo vive de manera diferente, replegada sobre sí misma y en soledad. Se levanta y se va, y en seguida la vemos llorando a los pies de Jesús. Todos lloran, de tal manera que Jesús también se emociona. Lázaro debía ser un amigo especialmente querido para muchos.

Ahora es el momento en que Jesús va a hacer valer su autoridad. No tan solo para mostrar su poder, sino para fortalecer la fe de los hombres en Dios, el Padre que envió a su Hijo al mundo para salvarlo. Y aún en un momento así Marta, atenta, le indica el camino, en el caso de que algo se le hubiera pasado.

Al principio del capítulo doce de Juan de nuevo tenemos una imagen de un encuentro entre amigos. Sólo quedan seis días para la Pascua. Han transcurrido tres años desde que Jesús inició su ministerio activo. De nuevo están sentados a la mesa y se nos dice que Marta sirve, según su costumbre.

Ahora es el tiempo para que María haga algo. *Entonces María tomó una libra de perfume de nardo puro, de mucho precio, y ungió los pies de Jesús y los enjugó con sus cabellos; y la casa se llenó del olor del perfume* (Juan 12:3). Su perfume costó caro. Contra todo principio económico, ella lo usa para ungir los pies de Jesús, secándolos con sus cabellos.

Es así como actúa la gente como ella: no calculan el precio como lo harían otros, más reflexivos. Es el corazón, y no el dinero, quien rige sus decisiones. Durante todos aquellos años, María no ha hecho más que escuchar las palabras de Jesús, las ha meditado en su corazón. Hizo estudios superiores a los pies de Jesús, como alguien ha dicho. Comprendió que los tiempos son cortos.

Como Marta no se pone a darle consejos a su hermana, como lo hace Judas ¿acaso ha aprendido a lo largo de los años a valorar cómo es su hermana? ¿Quizá ambas han madurado y se han convertido en mujeres de igual valía?

Lo que hizo María estuvo bien planificado hasta el final. Al modo que le es propio, con ternura, ha aplicado a Jesús la última unción. «*Déjala, para el día de mi sepultura ha guardado esto. Porque a los pobres siempre los tenéis con vosotros, mas a mí no siempre me tendréis*» dice Jesús a Judas, que había criticado a María (Juan 12:7). Al día siguiente, Jesús entra ya en Jerusalén a lomos de un asno. Amanece el Domingo de Ramos.

El capítulo veintiséis de Mateo cuenta una situación similar y, al final del episodio, Jesús declara proféticamente: «*De cierto os digo que dondequiera que se predique este evangelio, en todo el mundo, también se contará lo que esta ha hecho, en recuerdo de ella*».

Con la misma fuerza habla Jesús de la misma situación en Marcos 14:8: Ella hizo lo que estaba a su alcance. Así es como obra el ser humano cuando actúa según la voz de su corazón, hace lo que está en su mano hacer. Humanamente, unos hacen más, otros menos. Pero según los criterios de Dios, no existen comparaciones, considera a cada uno tal cual es realmente. A Dios le basta cada uno tal como es.

La acción de María desprende aún hoy el perfume de un aceite precioso de nardo. Las acciones que nacen del corazón no mueren nunca, pues llevan fruto para las generaciones venideras.

Marta y María tienen mucho que decirme. Con su ejemplo nos enseñan a ser mujeres fieles a sí mismas.

No tenemos necesidad, ni tú ni yo, de ser más ni menos de lo que somos. La autenticidad y la rectitud es lo mejor que tenemos para dar a los demás. No tenemos que rebajarnos, porque hacemos lo que podemos.

No hace falta más.

Capítulo 19

La mujer samaritana

Pecadora y evangelista

Es precisamente ella la que al principio me trajo aquí, al pozo de Sicar, al pie del monte Gerizim. Podemos leer su historia en el capítulo cuatro del evangelio de Juan.

El pozo tiene una profundidad de treinta metros y yo misma puedo sacar agua de él con la ayuda de un pequeño recipiente. A este pozo se le llama el pozo de Jacob pues, cuando volvió a Canaán desde Mesopotamia, el patriarca y los suyos acamparon delante de la ciudad de Siquem (Sicar). Acababa de reencontrarse con su hermano, al que había despojado de su primogenitura, veinte años después de que huyera de él.

La mujer de nuestra historia era de Samaria. A ella también la descubrí en un famoso cuadro de Rembrandt, en un rincón del museo de L'Ermitage. Permanecí de pie, callada, delante de este cuadro sombrío y la escuché hablándome en su propio idioma. Aunque el encuentro entre ella y Jesús se produjo al medio día, el tono oscuro del cuadro me habló de esa sombra protectora que permitió a la mujer atreverse a ser ella misma. En el primer momento no parece que se avergonzara de nada, por lo que no dudó en entrar a conversar con su Libertador.

¿Había vivido el mismo Rembrandt algo parecido? Es lo que también me transmitía su precioso cuadro del hijo pródigo en brazos de su padre. En ambos cuadros una se da cuenta de que la luz incide sobre determinados puntos significativos, en los que hay que detenerse a meditar.

Aunque la mujer de nuestro relato fuera samaritana, es posible que en su interior tuviera la impresión de no ser de ninguna parte. Las demás mujeres del poblado parecían tener una situación más fácil, llevando una vida aparentemente aceptable y teniendo un hogar y una red natural de relaciones. Por el contrario, la red de esta mujer samaritana estaba hecha jirones y por eso no le convenía venir al pozo a sacar agua al mismo tiempo que las demás. La enfermedad de esta mujer manchada podría contaminar a las otras madres de familia «sanas» y a las jovencitas inocentes. Por otro lado, las mujeres influyentes no tenían necesidad de perder el tiempo yendo a por agua.

La forma en que Juan presenta el encuentro en el pozo comienza señalando algo importante: *Y tenía que pasar por Samaria. Vino, pues, a una ciudad de Samaria llamada Sicar, cerca de la heredad que Jacob dio a su hijo José. Y estaba allí el pozo de Jacob* (Juan 4:4-6). ¿Por qué razón tendría Jesús que pasar por Samaria? Es verdad que el trayecto entre la Galilea y Jerusalén es más corto pasando por allí, pero los auténticos fariseos judíos evitaban por todos los medios tomar ese itinerario y cruzarse con samaritanos.

Si por lo tanto Jesús tenía que pasar por dicho camino precisamente aquel día, y a aquella hora del día, ¡tenía que haber una clara razón para ello! Es cierto que poco antes, cuando los envió por primera vez a la misión, él mismo ordenó a sus discípulos que no fueran a ninguna ciudad samaritana. Y, sin embargo, cuando cuenta la parábola del Buen Samaritano rompe las barreras fronterizas y muestra que su amor supera los odios nacionales.

Los judíos no consideraban a los samaritanos como paganos, sino más bien como cismáticos, con los que no se podían casar y que no tenían derecho a participar en el servicio del templo. Circulaban diferentes comentarios irónicos sobre los samaritanos: «Comer pan samaritano es como comer carne de cerdo».

Las divergencias se acentuaron en el siglo anterior al nacimiento de Cristo. Eso se puso de manifiesto entre otras cosas en la construcción de dos templos, uno en el monte de Sión, en Jerusalén, y el otro en el monte Gerizim, en Samaria. Los samaritanos guardaban fielmente la Ley (el Pentateuco), pero, sin embargo, rechazaban los profetas y los otros escritos del Antiguo Testamento.

El profundo desprecio de los judíos hacia los samaritanos se pone de manifiesto en lo que le dicen a Jesús en cierta ocasión particular: «*¿No decimos bien nosotros, que tú eres samaritano y que tienes demonio?*» (Juan 8:48). El desprecio era recíproco.

Pasando por Samaria Jesús infringe todas las reglas. Porque siendo un hombre judío, habla a una mujer directamente en pleno medio día. ¡Y qué mujer! Según los principios de los rabinos, no podían hablar ni con su propia esposa en público y según sus mandamientos, era mejor quemar los textos de la ley que enseñárselos a una mujer.

Por dos veces se dice que la mujer es «samaritana». No se trata sólo de una extranjera a los ojos de los judíos, sino que además, es pobre y de dudosa moralidad. La pecadora samaritana era la más indigna entre los indignos, y por eso tenía que venir a por agua en el momento más caluroso del día, sabiendo que en ese momento no habría nadie en el pozo.

Mientras que los discípulos iban al poblado a comprar alimentos, Jesús realiza su misión, un encuentro con un ser humano. Comienza pidiendo ayuda. *Entonces Jesús, cansado del viaje, se sentó, así, junto al pozo. Era como la hora sexta. Vino una mujer de Samaria a sacar agua. Jesús le dijo: «Dame de beber».* Jesús tenía sed y ella disponía de una vasija para beber.

Antes de que ninguna palabra fuera dicha, Jesús había visto lo que había en los dosieres secretos de su vida. De haberlo sabido, ella habría salido corriendo disparada. ¿A quién de nosotras le gustaría estar ante los demás como un libro abierto, cuyas páginas pudieran ser leídas por cualquiera que pasara por allí? ¿A quién le gustaría oír las verdades sobre sí misma, desde los defectos más pequeños hasta los más grandes?

La conversación entre la mujer y Jesús se abre de una manera rara. La samaritana muestra inmediatamente que conoce la historia de su pueblo, y que está familiarizada con la tradición sobre Jacob. ¿Quién podría pretender ser mayor que su antepasado? *«¿Acaso eres tú mayor que nuestro padre Jacob, que nos dio este pozo, del cual bebió él mismo, sus hijos y sus ganados?»* (Juan 4:12). Para poder creer, el hombre ha de comenzar dudando, como dice un dicho polaco.

La conversación se hace más intensa. Jesús comienza a hablar de agua viva, de la sed interior del hombre, de la fuente de la vida. Sabe que tiene que hablarle con sencillez y de cosas elementales. No se puede hablar junto al pozo de Samaria de la misma forma que en la sinagoga de Capernaum o en el recinto del templo de Jerusalén.

Solo unos cuantos minutos después del primer contacto, la conversación lleva a las necesidades humanas básicas. La respuesta de la mujer podría llevarnos a pensar que es un poquito simplona o todo lo contrario, muy profunda. *«Señor, dame esa agua, para que no tenga yo sed, ni venga aquí a sacarla»* (Juan 4:15).

¿Piensa que Jesús es un charlatán, que por arte de magia sería capaz de quitarle la sed para hacerle la vida más fácil? Lo que ocurriría entonces es que la mujer se vería liberada de la obligación de decir la verdad. Su vida oculta podría así seguir como antes. ¿O bien se da cuenta que la ardiente sed de su vida tienen un sentido más profundo? ¿Hace tiempo acaso que desea encontrar remedio a su situación en la que está, agua fresca en vez del desorden de su ignominia?

Cuando al fin reconoce su más profunda necesidad, Jesús va aún más lejos, hasta alcanzar la verdad cotidiana de su vida. Sus palabras dan justo en la diana cuando le pide que vaya en busca de su marido. La conversación no le deja escapatoria. *«No tengo marido»*, dice ella, y Jesús se lo agradece: *«Bien has dicho»*. Ella no se pone a dar explicaciones, todo lo dice Jesús.

Ella sabe mucho sobre religión. Sabe definir quién es profeta y conoce las diferencias entre Jerusalén y el monte Gerizim. Ha oído hablar del Mesías. La conversación transcurre en una dirección precisa una vez iniciada. Ya no se habla de sed ni de maridos. Se trata del misterio del encuentro entre ella y el Mesías que poco a poco comienza a comprender. Los fallos de su vida no han destruido el terreno espiritual, que comienza a estar sediento de agua viva.

En este encuentro extraordinario se concentra el anuncio completo del programa de Jesús: vino por los perdidos, para salvar a los pecadores que han caído. De forma deliberada, Jesús sale del campamento para ir a buscarlos. Parece estar siempre en el lugar adecuado en el momento adecuado.

Es interesante ver las reacciones de los discípulos cuando vuelven de su expedición de avituallamiento. *En esto llegaron sus discípulos, y se sorprendieron de que hablara con una mujer; sin embargo, ninguno dijo: «¿Qué le preguntas?», o: «¿Qué hablas con ella?»* (Juan 4:27). Sin duda los discípulos están ya acostumbrado a la manera de sobrepasar los límites de Jesús. No vale la pena darle consejos. Saben cuál es su lugar. Con todo, no dudo que hayan tenido su opinión, ni que lo hayan desaprobado e incluso se indignaran. No pueden saber de qué ha tratado la conversación junto al pozo.

La mujer comprendió bien, y es ella misma la que rompe las puertas de su prisión. Es libre para hablar a todos del Mesías. Una vez que ha podido mirar en sus propios dosieres secretos, obtiene el valor de actuar, aún a riesgo de verse despreciada. No tiene nada más que perder. Se ha ganado su fama, y la verdad ha sido expuesta a la luz del día. Ahora se atreve a mirar a la gente a la cara, lo que no hacía desde mucho tiempo atrás, porque tiene algo importante que decirles. Su valía nuevamente descubierta la lleva a transmitir la buena nueva a aquellos mismos que conocen su historia, a los que le resultaba más difícil enfrentarse, aunque sólo fuera para ir a por agua.

Entonces la mujer dejó su cántaro, y fue a la ciudad, y dijo a los hombres: «Venid, ved a un hombre que me ha dicho todo cuanto he hecho. ¿No será este el Cristo?» (Juan 4: 28-29).

No dice que sepa exactamente quién es. Simplemente plantea las preguntas oportunas: ¿No será este el Cristo? No hay necesidad de nada más. La misma pregunta se esconde también en el corazón de los otros. ¿Cuándo vendrá? ¿Por qué tarda el Mesías? ¿Cómo lo reconoceremos?

Las palabras de una sola mujer hacen que la multitud se ponga en movimiento. Eso pasa hoy también. El testimonio de una sola persona despierta a una familia, a una comunidad, a toda una ciudad. La sola profesión de fe de alguien conocido en los medios de comunicación, obliga a los demás a posicionarse: «¿Tan mal le van las cosas para que tenga que acudir a la fe?» se dice a veces de alguien. De todos modos, el asunto da que hablar, se atreven a hacer preguntas, a dudar y a buscar más abiertamente.

Los campos estaban blancos en esta ciudad de Samaria. Jesús pudo ver ese milagro de cerca. Si se hubiera desviado, los discípulos también se habrían visto privados de aquella experiencia única. Jesús nunca se equivocó en su juicio llevando a cabo su misión para con el ser humano. Cada uno de sus pasos fue preparado de antemano por Dios, llevándolo a veces por vías extrañas. *Entre tanto, los discípulos le rogaban, diciendo: «Rabí, come». Pero él les dijo: «Yo tengo para comer un alimento que vosotros no sabéis». Entonces los discípulos se decían unos a otros: «¿Le habrá traído alguien de comer?» Jesús les dijo: «Mi alimento es hacer la voluntad del que me envió, y llevar a cabo su obra»* (Juan 4:31-34). ¡Qué hombre tan raro!

Se nos dice que es justamente sobre la base del testimonio de la samaritana que muchos habitantes de la ciudad creyeron en Jesús. Le ruegan a Jesús que permanezca con ellos durante dos días, pues quieren oírle ellos mismos. Entonces él se queda, y sólo lo podemos imaginar predicando, enseñando y sanando todo ese tiempo. Quienes lo escuchan adquieren la certidumbre de que él es el salvador del mundo, el Mesías enviado por Dios, aquel a quien estaban esperando.

Cuatro años más tarde, el evangelista Felipe pasará un tiempo en aquellas mismas comarcas, en las ciudades de Samaria. Muchos vendrán a escucharle y, sin duda, Felipe también oiría hablar de la «Samaritana», la primera mensajera del evangelio en la ciudad. Pedro y Juan también pasarán por allí más tarde (Hechos 8:5-25).

Unos trabajan, otros recogen la cosecha. Estos últimos llegan a un campo ya preparado en medio del cual se encontraba y aún se encuentra el pozo de Jacob. En este lugar los ángeles suben y bajan para llevar el mensaje de la fidelidad del amor de Dios. Pasado el tiempo llegará a haber un obispado en esa ciudad y, según Jerónimo, Padre de la Iglesia, Juan el bautista fue enterrado en Samaria.

Aquel encuentro con Jesús no es una tradición, con el encanto de una bonita historia, sino la verdad. Él camina precisamente por la senda por la que podrá cruzarse contigo. Sabe dónde vives y de dónde eres. *«Yo soy, el que te está hablando»*, dijo Jesús a la samaritana. Estas mismas palabras han sido pronunciadas millones de veces en todas las partes del globo. ¿Estás tú allí, cuando te las dice a ti?

En el transcurso de nuestra vida escuchamos muchísimas palabras. Nos proponen diferentes creencias, diferentes ideologías, que nos elevemos y nos ensanchemos espiritualmente, pero sin relación personal con La Persona. El Mesías de la fe cristiana es esa Persona, que se encuentra con la que habita en el ser humano. Se establece una relación yo–tú, un diálogo basado en el amor entre el Creador y la criatura.

Pero ahora en Cristo Jesús, vosotros que en otro tiempo estabais lejos, habéis sido hechos cercanos por la sangre de Cristo... Y vino y anunció las buenas nuevas de paz a vosotros que estabais lejos, y a los que estaban cerca, porque por medio de él los unos y los otros tenemos entrada por un mismo Espíritu al Padre. Así que ya no sois extranjeros ni advenedizos, sino conciudadanos de los santos, y miembros de la familia de Dios (Efesios 2:13-19).

La Samaritana me representa también a mí. En algún lugar, alguien está esperando que yo me ponga en marcha. Ya hay Alguien sentado en el pretil del pozo, únicamente por mí. Tiene todo el tiempo. Conoce los diferentes dosieres de mi vida; mi ayer y mi hoy en día, mis relaciones, mi trabajo y mis amores.

Si no me pongo en camino hacia el pozo, tampoco yo encontraré la verdad.

Jesús dará siempre el rodeo necesario para cada ser humano. Él viene a mi Samaria, donde quizá nadie se ha atrevido o ha deseado venir nunca. Conversa con alguien a quien nadie parece necesitar y pide que le ayude.

Jesús está cerca de quien se encuentra solo esperando, ya que la vida lo ha confinado en la soledad.

Esa mujer adquirió en su infancia, como muchos finlandeses también, un saber espiritual, la esperanza de la salvación, y el conocimiento de un Mesías que libera a su pueblo.

Cuando llega el momento oportuno, la luz de Dios alcanza los niveles más oscuros del ser humano, y así es como el ciego comienza a ver y el sordo a oír todo aquello de lo que se le ha hablado, pero que, por una u otra razón, nunca ha tocado su día a día, ni su inteligencia ni su corazón.

La Samaritana descubre la misericordia y la autoestima, esas dos necesidades básicas del ser humano se ven colmadas al mismo tiempo. Cuando alguien descubre lo que es la misericordia, se ve liberado de la vergüenza y de los secretos de su vida. El dulce calor de la misericordia nos da el valor de sacar a la luz lo que está en nuestros dosieres secretos, donde la vida puso toda clase de etiquetas, de documentos y de certificados, las fechas y las circunstancias de las caídas, de los fracasos, de la violencia y de la explotación.

A veces, al abrir mis propias carpetas, he mantenido mis ojos medio cerrados, intentando no verlo todo. A menudo he intentado buscar más allá, mirar a los demás, explicándome que esas cosas sucedieron por culpa de ellos. Por alguna razón mía, he acudido al pozo sola. Impotente, me ha sido más fácil lamerme las heridas yo sola.

Y después, ahí está Jesús que comienza a hablarme, y conduce la conversación como lo hizo con la Samaritana: me enseña que lo sabe todo sobre mí y para acabar dice: «*Yo soy, el que te está hablando*». Cuanto más hondo llego en mis dosieres, más claramente comienzo a ver su rostro. Creía estar sola, pero él ya estaba allí, adonde también me llama a mí, a la verdad y a la luz, a la misericordia de todos los días.

A partir de ahí nuestra autoestima nacerá y aumentará. Comenzamos a enderezarnos, a cruzar la mirada con nuestros familiares, afirmándose nuestra identidad. El dosier secreto de mis recuerdos se convierte en una fuente de poder para mi vida; la experiencia de la maldición se convierte en bendición, la decepción y el fracaso se convierten en oportunidades de crecimiento. Segundo a segundo, año tras año, mi pasado ha sido expiado, y la cruz de la reconciliación alcanza retrospectivamente el seno de mi madre acompañándome hasta la muerte, camino a la eternidad.

«¿Quién nos separará del amor de Cristo? ¿Tribulación o angustia, o persecución, o hambre, o desnudez, o peligro o espada?... Porque estoy persuadido de que ni la muerte, ni la vida, ni ángeles ni principados ni potestades, ni lo presente, ni lo por venir, ni lo alto, ni lo profundo, ni ninguna otra cosa creada nos podrá separar del amor de Dios, que es en Cristo Jesús, Señor nuestro» (Romanos 8:35-39).

Epílogo

Siempre me han fascinado los pozos

Todavía me acuerdo con claridad del pozo de mi infancia, al que había que acercarse con cuidado. Me parecía misterioso y me daba miedo. Se contaban toda clase de cuentos sobre el genio y sobre los muchos niños que habían caído en él. Solo los adultos podían abrir la tapa del pozo y bajar el cubo hasta el fondo.

La cadena de hierro rechinaba con ruido girando alrededor de la polea de madera. El cubo lleno subía. No importaba que salpicase todo alrededor, pues el agua era abundante. Con paso rápido la abuela llevaba el agua al salón, allí cogía agua y ponía la cafetera al fuego.

Por fin llegó el día cuando obtuve el permiso de ir sola a por agua. Ya era una jovencita y mis brazos eran más fuertes. Confiaban en mí. Nadie vino a darme consejos y ya no tenía miedo, lo aprendí todo viendo a las mujeres mayores.

Todavía me acuerdo muy nítidamente de cómo abrí la tapa crujiente y un poco desvencijada del pozo y bajé el cubo en la oscuridad sin que se golpease. Había que mover la cadena para que el cubo se llenase de agua con más facilidad.

Después había que subirlo. Giré la manivela con todas mis fuerzas y finalmente conseguí agarrar el cubo medio lleno y subirlo al pretil. ¡Lo había conseguido!

Estaba sola en el pozo. Me había vuelto una mujer capaz de llevar cubos de agua. ¿Qué más daba que esta primera vez estuviera medio vacío? El agua no era menos clara. Aún mantengo un recuerdo muy vivo de la alegría que me dio haberlo conseguido. Es el tipo de cosas que se graban en la memoria para siempre.

Ir a buscar agua es algo con lo que he estado familiarizada, pero he mantenido mi respeto por los pozos, tanto como por el agua, esa agua que mantiene la vida.

Es bastante simple. En su nivel más alto, el símbolo del agua, eso es. Si nos centramos en lo esencial, encontramos el camino al pozo. Lo que tiene que hacer el ser humano es llevar agua, no crearla.

Porque sin fuente, no hay pozo.